Markus Fauser
Rolf Dieter Brinkmann und die Religion

Markus Fauser

Rolf Dieter Brinkmann und die Religion

Wallstein Verlag

Inhalt

»Ein Fanatiker der Diesseitigkeit –
oder doch ein Metaphysiker?«

Rainer Malkowski
Der die Möwe fliegen sah

1 Der Sucher

Stellen wir uns vor: Ein Mensch aus der Mitte des zwanzigsten Jahrhunderts hätte in seinem Tagebuch nur einen einzigen Satz hinterlassen, zwar »versehen mit einem Datum«, aber eben nur diesen einen rätselhaften Eintrag: »Sah eine Möwe fliegen.« Und stellen wir uns weiter vor, wir wüssten nichts anderes von diesem Menschen. Wir könnten uns überhaupt nur auf diese Aussage beziehen. Das lakonische Zeugnis von der fliegenden Möwe, festgehalten ganz ohne weitere Erläuterung, ohne einen die Absicht enthüllenden Zusammenhang, einen Hinweis auf etwas möglicherweise Einschneidendes, ganz und gar Außergewöhnliches, enthielte nichts, was eine Vermutung oder nur eine Ahnung rechtfertigen könnte. In seiner Einfachheit und beziehungslos auftretenden Konkretheit wäre dieses Zeugnis umso irritierender als die genau festgelegte Aussage. Man wüsste nicht einmal, ob der Satz ein Bild sein wollte, ob er als Bild vielleicht symbolisch gemeint war, ob er am Ende etwas verhüllen sollte. Übrig wäre nur die eine Aufzeichnung. Wozu diente sie? Wurde sie nicht weitergeführt, weil sie sinnlos erschien? War sie ein Zeichen? War sie die Summe eines Lebens? Wurde sie je widerrufen? Wir wären ganz und gar alleingelassen mit der Aussage.

Beim Lesen eines sehr kurzen Gedichtes von Rainer Malkowski, dem diese Idee entstammt, schweifen die Gedanken unweigerlich hinüber zu seinem Zeitgenossen Rolf Dieter Brinkmann. In einer Gedichtsammlung aus dem Jahr 2007, die Texte von 1945 bis heute unter dem Titel *Gott im Gedicht* zusammenstellt, bleibt der Leser daran hängen. Der Vers umschreibt eine Frage, die man beim Thema der beobachteten Möwe so nicht erwartet. Wie hält es der Mensch im späten 20. Jahrhundert mit der Religion? Malkowski beschäftigte die Frage nach der Transzendenz unter einem unscheinbaren Titel, den auch ein Gedicht von Brinkmann tragen könnte: *Der die Möwe fliegen sah*. Und am Ende des kleinen Gedankenspiels, mit dem das kurze Gedicht endet, drängt sich die Frage auf: War dieser Mensch »Ein Fanatiker / der Diesseitigkeit – oder doch / ein Metaphysiker?« (Gott im Gedicht 197). Wer die Texte Brinkmanns liest, stößt unentwegt auf ähnliche Sätze. »Zitat: God works in wonderous ways« (Ww 46), »Sie tanzen noch immer wie Engel auf dem Asphalt« (Ww 75), »Es war, als / hätte einer / gesagt: bleib.« (St 100), »Es geht / Unsere Liebe Frau / mit erblindetem Gesicht / übers Land.« (V 36), sogar in Titeln: »Als es ganz still wurde auf dieser Erde« (V 51). Bei Brinkmann bleibt der Leser genauso irritiert zurück, auch Brinkmann sucht das poetische Detail in der unauffälligen Beobachtung und schlägt von einem lakonischen Satz den großen Bogen zu einem grundlegenden Problem seiner Zeit.

Immerhin schaffte auch ein Text von Brinkmann die Aufnahme in die Anthologie, das Gedicht *Schnee* aus dem frühen Lyrikband *Le Chant du monde*, der 1963/64 in Köln entstanden war und in der kleinen Olefer Hagarpresse in der Eifel gedruckt wurde. Der Herausgeber des Bandes *Gott im Gedicht*, der Theologe Helmut Zwanger, ordnete diesen Text unter der Rubrik *Bildhorizonte* ein, weil er bei Brinkmann eine fundierte Auseinandersetzung mit traditioneller Bildhaftigkeit am Werke sah. Diese Entscheidung hat einiges für sich. Die Anthologie gibt den willkommenen Anlass für unsere Überlegungen. Man muss den Zusammenhang, in dem Brinkmanns Gedicht hier auftaucht, einmal ernst nehmen. Dann eröffnet der Blick in diese Gedichtsammlung eine sehr große Bandbreite gerade auch von Autoren, denen eine Darstellung solcher Themen landläufig nicht oder überhaupt nicht mehr zugetraut wurde. Im günstigsten Fall sah man sie in denkbar größter Distanz zu Fragen der Religion oder speziell des Christentums. Auf verblüffende Weise führt Malkowski mit einem einzigen Satz ins Zentrum des Themas, das auch Brinkmann umtrieb, das für ihn aber noch gar nicht gründlich behandelt wurde.

Ständige Berufung auf Religion

Rolf Dieter Brinkmann, am 16. April 1940 in Vechta geboren und am 23. April 1975 in London bei einem Verkehrsunfall ums Leben gekommen, gehört zu jenen Autoren, die man in einem solchen Zusammenhang nicht einmal sucht. Überspannt man den Bogen nicht nur bis zum Bersten, wenn man nun auch noch von seiner Religion spricht? Hat er nicht von früh an das Christentum verachtet? Ist er nicht der vornehmste Poet des Pop, der erste Verfasser von Gedichten in der Sprache der damals jungen Generation, verherrlicht er nicht jene neue Alltagskultur, deren Anhänger ihr Leben ganz ohne Religion gestalten wollten? Hat er nicht jeder Autorität von Grund auf misstraut und gnadenlos alle Restbestände überkommener Auffassungen in unserem Denken und Handeln gegeißelt? Hat er nicht die katholische Frömmigkeit seiner Heimatstadt Vechta mit Hohn und Spott übergossen, selbst ihm nahe Stehende schon deshalb mit Verachtung gestraft? Hat er sich nicht die Maxime auferlegt, ohne Tradition zu arbeiten, ja, sich selber dem Zwang ausgesetzt, keine Kunst mehr zu produzieren? Ist Brinkmann nicht gerade der letzte Zeuge einer typisch modernen Einstellung, bei der überhaupt kein Bezug zur Religion mehr angenommen werden darf, allenfalls noch ein unverbindliches Spiel mit motivischen Restbeständen?

Mit einigem Recht hat man ein *Gedicht* von Brinkmann aus dem letzten von ihm selber veröffentlichten Buch *Westwärts 1 & 2* in eine Reihe mit anderen Spielarten moderner Spiritualität gerückt und darauf hingewiesen, dass in der

Moderne die Poesie und die Religion als Korrelate auftreten, entweder bei der Motivgestaltung oder in der Struktur von Texten. So präsentiert das *Gedicht* mit dem generischen Titel schlichte Dinge wie Müll, Staub, Zeitungen, Schienen, der Text abstrahiert von ihnen am Ende mit der Frage: »Wer hat gesagt, daß sowas Leben / ist?« und beantwortet sie mit der unerwarteten Aussage: »Ich gehe in ein / anderes Blau.« (Ww 41) Diese poetische Struktur von Erwartung, Enttäuschung und Verwandlung erwecke Assoziationen mit einem Exerzitium, sagt dazu Clemens Pornschlegel. Solche Gedichte seien bezeichnend für moderne Autoren, die zwar nicht mehr gläubig seien, aber dennoch Transzendenz ausdrückten und somit an sie erinnern, wenn auch im Modus des Entzugs. Brinkmanns Gedichte wie auch die seiner modernen Vorfahren seit dem späten 19. Jahrhundert thematisierten genau die »inhumane Weltfremdheit«, über die seither nicht mehr anders gesprochen werden könne, weil das Christentum dieses Feld preisgegeben hätte oder keine überzeugende Erklärung mehr biete (Pornschlegel 167f.).

Auf solche Autoren münzt Pornschlegel ein Wort von Georges Bataille, der in Anlehnung an Friedrich Nietzsches »Übermenschen« von »Hyperchristen« sprach. Das Wort soll jüngere Belege zum Metaphysischen in Texten aufgreifen und die spezifische Geisteshaltung ihrer Autoren erfassen. Die Definition lautet dann: Sie lehnen jeden Glauben ab, ihrer Lebenspraxis kommt man nicht mit moralischen Vorschriften bei und sie zitieren doch ständig christliche Texte, religiöse Denkfiguren und Vorstellungswelten. Sie scheinen wie fixiert auf einen Gegenstand, den sie doch ablehnen, eigentlich überwinden wollen und sie fügen sich gerade deshalb nicht in unsere gewöhnliche Auffassung vom Verlauf der Kulturgeschichte. Denn: Wäre die Entwicklung zur Moderne eine lineare und unaufhaltsame Fortschrittsgeschichte mit geradem Lauf in die Selbstbefreiung des Menschen gewesen, dann hätten Fragen nach Gott und dem Glauben, Auferstehung und dem ewigen Leben in einer solchen Kultur ohne Religion gar keinen Platz mehr. Weil nun diese zielgerichtete Entwicklung nicht eingetreten ist, gleichzeitig aber der Abfall vom Glauben zugestanden werden soll, könne nur dieser Begriff die Eigenart der gegenwärtigen Epoche unter dem Sigel fassen. Die so genannten hyperchristlichen Autoren stellen jene Fragen zwar mit Nachdruck; sie schreiben aber, als ob eine Säkularisierung nie stattgefunden hätte (Pornschlegel 11–13).

Man muss nicht die Volten der Theorie nachvollziehen, die sich aus der These ableiten lassen, man muss die radikal auf die Spitze getriebene historische Spekulation nicht übernehmen und man muss die hausgemachten Probleme einer solchen Geschichtsschreibung nicht anerkennen, um das Richtige in den Behauptungen zu sehen. Das Religiöse ist nicht verschwunden, ganz gleich in welchem Modus es aufscheint. Bei Brinkmann scheint das überwiegend ironisch, blasphemisch, ja denunziatorisch zu sein. Und dennoch: Von einer ganz »freien Benutzung der christlichen Mythen« bei »gleichzeitiger Zurückweisung religiöser Institutionen« (Pornschlegel 11 f.) kann so lange nicht die Rede sein, als die religiöse Tradition auf allen Ebenen der Texte sitzt (Pornschlegel 172). Fortwährende Affirmation vollends kann gerade keine Position des »hyper« markieren. Vielmehr müsste man auch bei den kritischen Geistern eher von einer Erweiterung des Spirituellen reden. Auch die Autoren, die vorgeblich nicht mehr an Gott glauben, können für eine Öffnung von Bereichen sorgen, die zuvor nicht als Felder des Spirituellen wahrgenommen wurden. Sie können Verschiebungen in Sektoren des Alltags, in kulturelle Milieus hinein veranlassen, die ganz überraschend wirken.

Und an dieser Stelle fehlt in der eben erwähnten Studie der entscheidende Hinweis auf den Ursprung solcher Gedanken. Sie stammen nämlich von Thomas Luckmann, der in seinem Buch *Die unsichtbare Religion*, das im amerikanischen Original bereits 1967 erschien, die Neuordnung des Religiösen in der Moderne untersuchte. Der Soziologe registrierte damals schon eine Unstimmigkeit im historischen und aktuellen Umgang mit dem Problem. Weder sah er in der Moderne einen vollständigen Ersatz des Glaubens durch Wissenschaft heraufziehen, noch die häufig beschworene Warnung als berechtigt an, dass die moderne Gesellschaft per se unreligiös sei (Luckmann 56). Als Diagnose in seine eigene Zeit und die Brinkmanns hinein gesprochen, musste er zwar die schrumpfende Reichweite der Kirchen zugeben, musste er den gerade auch für Brinkmann bedeutsamen Stadt-Land-Gegensatz darstellen, aber aufs Ganze gesehen konnte Luckmann die Verlagerung des Religiösen in außerkirchliche Bereiche feststellen, genauer: er sah das Auftreten neuer, ganz anders gearteter institutioneller Foren sowie den Aufstieg individualisierter Formen von Religiosität voraus. Nicht ein Verschwinden der Religion, sondern ihre Ausbreitung in andere Bereiche war demnach die Tendenz um die Mitte des zwanzigsten Jahrhunderts.

Luckmann wählt zur Erklärung einen anthropologischen Ansatz. Der Mensch ist grundsätzlich transzendent ausgerichtet, weil er seine bloße biologische Natur, seine organische Verfassung, seine Natürlichkeit überformt. Er muss jedes konkret Gegebene überschreiten, weil der Blick des Menschen immer auf übergeordnete Sinnsysteme gerichtet ist und von dort her zurück fällt, ganz gleich welcher Couleur sie sein mögen (Luckmann 80ff.). Individuelle Daseinsgestaltung bleibt auch in hoch industrialisierten Gesellschaften nach wie vor ein religiöses Problem. Aber im Gegenzug zur kirchlich verbürgten Religion, die ihre Verbindlichkeit in der Lebensführung nach und nach einbußt, entfaltet sich die Suche nach dem Transzendenten schon auf der Ebene des subjektiven Erfahrens und Handelns. Luckmann unterteilt dann die Felder des Handelns in einer beachtenswerten Typologie. Die christliche Kirche habe auf (ihrem ureigenen) Gebiet der »großen« Transzendenz (Offenbarung) durch einen von Massenmedien dominierten »Warenmarkt« (180) Konkurrenz bekommen. Ganze Ersatzreligionen von Gurus, Magiern, Okkultisten und Schamanen machen ihr schwer zu schaffen. Demgegenüber treten auch schon im »mittleren« (zwischenmenschlichen) und »kleinen« Bereich (subjektive Raum- und Zeitwahrnehmung) Transzendenzen auf, die entweder mittelbar oder unmittelbar erfahrbar sind (Luckmann 168). Dazwischen liegen viele abgestufte Schichten, in denen Sinn in Routinen gesucht und in Biographien vergeben wird. Die solchermaßen den Kirchen entzogene und privatisierte Religion wird also auf breiter Grundlage »unsichtbar«. Die vormals überall bekundete Religionsausübung, das anlassbezogene Artikulieren der Frömmigkeit (praxis pietatis), verschwindet aus dem öffentlichen Raum, zieht sich zurück und verwandelt sich in eine letztlich individuelle Aufgabe.

Der Privatisierungstrend unterstützt solche Beobachtungen. Funktionale Äquivalente zur Religion spielen in einer Gesellschaft, die zur Privatheit neigt, eine größere Rolle. Jeder Einzelne erschließt sich Welten untergeordneten Ranges, die er mit religiösem Sinn abdeckt oder auflädt. Sie müssen auf den ersten Blick gar nicht wie religiöse Handlungen aussehen; es reicht, wenn sie ihnen ähneln. Solche nicht-religiösen Erfahrungen einer Weltüberschreitung bieten beispielsweise Rauscherfahrungen, es können aber auch literarische, musikalische, künstlerische Erlebnisse jeder Art sein. Auf diesen den modernen Erwartungen leichter entsprechenden Bereichen lassen sich religiöse Bedürfnisse im Verhalten oder in Bildern (moderne Formen von Ikonen) befriedigen, ohne traditionellen Kultvorstellungen (Gottesdienst) folgen zu müssen. Die Phänomene sind längst bekannt. Auch Brinkmann notierte die entscheidende Frage:

> Leute sind verrückt gemacht worden durch TV und Filme und Illustrierte wegen des Neuen, Unerwarteten, erwarten sie den lieben Gott? Den Blitz? (Erk 278)

Die von Luckmann klar diagnostizierte Heraufkunft neuer sozialer Formen von Religiosität äußert sich ja gerade in dem gewachsenen Individualismus. Die Freisetzung des Einzelnen aus überkommenen Institutionen und Normen trägt dazu bei, dass seine individuelle Prägung nicht mehr von diesen traditionellen Organisationen geleitet wird, sondern in der Privatsphäre geschieht. Das ist bei Brinkmann nur bedingt der Fall. Gleichwohl wird er schon früh mit dem verbreiterten Angebot von Erfahrungsformen konfrontiert, die er seiner Religiosität einfügen kann. Wir müssen davon ausgehen, dass auch in seinem Fall die neue Achtsamkeit auf Gefühle und Empfindungen ausschlaggebend war für seine Suche nach letzten Bedeutungen. Auch bei ihm entspringen religiöse Fragen aus der Privatsphäre. Sie zeitigen flexible Annahmen und zerbrechliche Sinnmodelle. Im Laufe seines Lebens eröffnen sich ihm wie seiner Generation zahllose Angebote der Lebensgestaltung, die er willig ergreift. Und es sind gerade solche Themen, die ihn als Autor besonders beschäftigen. In der »Lyrik der Popmusik« (Luckmann 147) sieht er zeitweise die Lösung für seine eigenen Schwierigkeiten. Er bleibt jedoch kritisch, ja, man kann sogar sagen, er macht es zu seinem wichtigsten Anliegen, alle diese zeitgenössischen Angebote zur Verwirklichung von Autonomie und Selbstdarstellung zu prüfen, gerade insofern sie dem Individuum einen sakralen Status verleihen.

Hinter den Thesen von Luckmann steckt eine historisch langfristige Entwicklung, die als Erster der amerikanische Philosoph und Psychologe William James in seinen 1902 veröffentlichten Vorlesungen ausführlich beschrieben hat. Sein Buch über *Die Vielfalt religiöser Erfahrung* mit dem lapidaren Untertitel *Eine Studie über die menschliche Natur* bringt die neuzeitliche Geschichte der ständig angewachsenen Privatisierung, eben jener Distanzierung von Kirchen oder Konfessionen auf den Begriff und stellt außerdem (aus psychologischer Sicht) das Fehlen eines eigenständigen religiösen Empfindens fest, das die Annahme einer eigenen Seinsform namens ›Religion‹ begründen könnte:

> [...] es gibt keinen Grund für die Annahme, es existiere eine einfache abstrakte »religiöse Emotion« als eine eigenständige elementare Gemütsbewegung, die ausnahmslos in jeder religiösen Erfahrung gegenwärtig wäre.
>
> So wie es also offensichtlich kein einheitliches, elementares religiöses Gefühl gibt, sondern nur einen gemeinsamen Fundus von Emotionen, den religiöse Objekte auslösen können, so könnte es sich ebenso erweisen, dass es keine spezifisch und wesenhaft religiösen Objekte und keine spezifisch und wesenhaft religiösen Akte gibt. (James 60f.)

James folgert, das »Gefühl« sei die »tiefere Quelle der Religion« (426) und der Mensch bewohne neben dem Denken noch andere Sondergebiete in seiner geistigen Landschaft. Religiöses Empfinden ist ein Teil vielfältiger menschlicher Bewusstseinsphänomene, wobei James dieser speziellen Emotion sogar ein gewisses Plus zugesteht. Alles in allem machen besondere Dispositionen wie das persönliche Interesse, das Gewissen, das Moralurteil, die vom Einzelnen mehr oder weniger stark empfundene Unvollkommenheit eines jeden Menschen »persönliche Religion« aus (James 62). Deshalb empfiehlt der Psychologe grundsätzlich alles, was aus individueller Sicht »in Beziehung zum Göttlichen« steht, als Religion einzustufen. In religionsphilosophischer Sicht ist dieser Begriff sicher unzureichend. Der Vorteil einer so weiten Definition ist aber greifbar. Man kann von Einschätzungen des Einzelnen ausgehen. Ins Zentrum rücken dann nämlich die Erfahrungsformen, die Qualitäten von Haltungen, an denen sich religiöse Empfindungen ablesen lassen. Oft sind es nur kleine Schritte, die den entscheidenden Unterschied ausmachen, und man muss sie ernst nehmen. Sind sie nicht häufig interessanter als die deutliche Ablehnung des Glaubens oder das klare Bekenntnis? Jeder hat einen nicht verschüttbaren Zugang zum Göttlichen, so James (137), und lässt man sich einmal darauf ein, kann man auch einen Autor wie Brinkmann bei seinen Suchbewegungen begleiten und seinen immer mitspielenden Hang zur Ursprünglichkeit begreifen. Da bleibt vieles einfach unausgesprochen. Aber in jeder Erfahrung schwingen viele konstituierende Elemente mit, und wie einer die Welt begreift, hängt von ganz verschiedenen Zugängen ab. Die Achse der Realität verläuft ausschließlich durch Orte dieses einen ganz konkreten Ichs; seine Welt ist nicht zu haben ohne die besonderen Schicksalsschläge, die Reaktionen auf Ereignisse und ihre jeweiligen Bewertungen. Da beruht vieles auf uneingestandenen Kategorien. An diesem Ursprungsort des Denkens, Fühlens und Handelns müssen wir die Wort- und Sprachmächtigkeit eines Schriftstellers suchen. Brinkmann präsentiert sich häufig als den Autor mit absoluter Deutungshoheit. Gleichwohl: Auch in noch so konstruierten und intensiv ausformulierten Texten erkennt jeder Leser sofort den Maßstab, an dem Brinkmann unsere Welt misst.

Der eben benannte Zwiespalt im Verhältnis zum Christentum ist bei Brinkmann gleichfalls überliefert. Allerdings nur indirekt. Und zwar in den tagebuchartigen Aufzeichnungen seines Freundes Peter Hackmann, mit dem er in Köln einige Jahre gemeinsam wohnte. Dort in der Engelbertstraße notierte Hackmann ein Gespräch vom 24. Oktober 1963, in dem spät in der Nacht die Rede auf Gott kam:

> Rolf: Gott ist so groß, daß wir ihn nicht zu fassen vermögen. Seine Güte ist grenzenlos, so weit, daß es unmöglich ist, daß wir ihn beleidigen können. – Wenn wir mal oben ankommen, wird er zu uns sagen: Du stinkst so erbärmlich, hau ab, geh in die hinterste Ecke und verkrümele Dich, ich kann Dich nicht sehen oder ertragen. (Archiv Uni Vechta)

Man legte eine Langspielplatte auf und hörte *Play Bach*, während das Gespräch weiterging und hitzigere Formen annahm. Dass Gott »einer von uns geworden« sei, ohne dass man sagen könne, was das bedeute, dass es keinen Beweis für seine Existenz gibt, solche und ähnliche Thesen hören wir aus dem überlieferten Gespräch. Gegen Ende soll Brinkmann gerufen haben:

> Und ich hatte, habe und werde immer das Gefühl haben, daß er hilft. Ich habe ein so großes Vertrauen, daß er hilft! Und bis jetzt ist es immer noch so gewesen! (Archiv Uni Vechta)

Das war 1963 und noch vor dem großen Schicksalsschlag, über den zu reden sein wird. Schon diese wenigen überlieferten Zeilen belegen, welchen Stellenwert das Thema gehabt haben muss; schließlich haben die Worte seinen Freund so stark beeindruckt, dass er sie aufschrieb. Gewiss war der

Disput eine direkte Fortsetzung der Beschäftigung mit dem Existentialismus seit der Vechtaer Schulzeit (Fauser 49), und gewiss kannte Brinkmann das Gedicht von Henri Michaux *Doch du, wann wirst du kommen?*, in dem das lyrische Ich sagt: »Du wirst kommen, wenn es Dich gibt, / Angelockt durch den Dreck, der ich bin«, aber dennoch bleiben die Worte Brinkmanns einigermaßen erstaunlich, findet man im ganzen Werk doch keine einzige ähnliche Zeile. Hätten wir nur diesen einen Satz über das Gottvertrauen, im intimen Rahmen geäußert und überliefert, hätten wir nur diese eine Äußerung (wie in dem Gedicht von Malkowski am Anfang), würden wir ihn wahrscheinlich völlig falsch einschätzen. Auf der anderen Seite ist der Satz ein Beleg für die erweiterte Religion wie auch für die Tatsache, dass sein Autor wohl doch nicht zu den religiös Unbegabten gehört hat. Im Dialog waren ihm offensichtlich solche Äußerungen zu entlocken. Auch wenn ihm die unvermittelte Erfahrung des Heiligen versagt geblieben sein mochte, war er doch nicht so taub dafür, dass ihm nicht durch den Menschen hindurch, dem solche Erfahrung gegeben wurde, seinerseits die Begegnung damit gelingen konnte.

Und zehn Jahre später, in Rom, erklärt er das Gegenteil. Sein Leben hat sich grundlegend geändert, ist schwieriger geworden, er lebt in problematischen Verhältnissen und hat Schicksalsschläge zu verarbeiten. Seitenlang lässt er sich aus über das »menschliche Labyrinth-Empfinden« (RB 272), bedauert die ausweglose Lage, in der er sich wähnt, und sieht sich zerrieben zwischen allen Fronten:

> Ich habe keinen Glauben, keine Ideologie an eine heilsame Gesellschaftsordnung – und wohin falle ich? Ich kann nur auf mich selber fallen, das ist nicht das Schlechteste. (RB 273)

Aber auch das ist nicht das letzte Wort. Wer zweifelt, wer hadert, wer mit seiner Herkunft nicht ins Reine kommt, hat noch lange nicht die Position des über den Dingen Stehenden erlangt, die das auch in dieser Hinsicht unzureichende Wort vom Hyperchristen doch nahelegt. In einem erst vor kurzem bekannt gewordenen Brief vom 23. Juli 1958 schreibt Brinkmann aus Oldenburg an Elisabeth Piefke:

> Am Montag wollte ich beichten in O – doch als ich mit dem Pfarrer sprach, da fühlte ich und spürte es so deutlich, daß auch er mich nicht verstand und es nichts nützen würde … so ging ich! Ich schleppe solch einen Wust von Gedanken in meinem Kopf herum, daß ich oft nicht ein noch aus weiß und vollkommen hilflos bin wie ein kleines, verlassenes Kind! (Archiv Uni Vechta)

Das stammt aus der kurzen Phase im Finanzamt Oldenburg. Niemand hatte Brinkmann zum Beichten gezwungen. Und ganz sicher gehen Hyperchristen nicht beichten, wenn sie ihrer agnostischen Haltung Ehre erweisen wollen. Vielmehr darf man fragen, ob das Wort nicht zu viel voraussetzt? Gewiss sind der christliche Glaube und die Geschichte auf vielfältige Weise ineinander verwoben. Aber die Frage nach dem Glauben steht immer auch in einer zusätzlichen Relation. Im Einzelfall ist der Unterbau einer jeden intellektuellen Biographie zu bedenken. Woher kommen die Autoren? Wie kamen sie zu einer radikalen Kritik des Christentums? Wie ernst ist es den Autoren mit den christlichen Beständen in ihren Texten? Wie weit würden sie gehen und was darf man ihnen unterstellen? Gab es Ereignisse in ihrem Leben, die sie Fragen des Glaubens überdenken ließen? Gerade für Brinkmann ist der vorliegende Versuch darin die bisher einzige Annäherung an das Thema – naturgemäß mit noch vorläufigen Ergebnissen.

Denn im Falle Brinkmanns ist im Unterschied zu anderen Autoren die prägende Erfahrung mit dem Katholizismus unabweisbar. Den freien und im eigenen Selbst nicht verankerten Umgang mit Religion, wie er bei einigen modernen Autoren möglich war, kann man Brinkmann nicht unterstellen. Er ist bei ihm nicht einmal auffindbar. Im Gegenteil. Zu offensichtlich ist christliches Denken und Handeln von früh an für ihn ein bestimmendes Moment gesellschaftlicher Vorgänge, an denen er offenbar verzweifelte. Zu deutlich ist der übermächtige Einfluss der Jugendzeit in Vechta, zu tief, bis ins innerste Bewusstsein reichen die charakteristischen Muster, wie er immer wieder betont, zu umfangreich sind die Belege aus seinem Werk, beginnend mit den frühesten Texten in Vechta, die jetzt erst nach und nach bekannt werden. Aber auch die späten Texte erwähnen die katholische Erziehung, damit verknüpfte Komplexe, Bilder und Motive fast durchgängig.

Hier ist einmal ein radikal anderer Blick nötig, wenn ein bedeutender Aspekt im Leben und Werk dieses Schriftstellers gesehen werden soll. Und es könnte sein, dass der Blick von der Religion aus noch ein ganz anderes Thema berührt, das meist völlig ohne Zusammenhang damit abgehandelt wird: die Popmusik. Eine ihren Helden verehrende Forschung, die sich vom vorgeblich attraktiven Image eines Urvaters der Popkultur blenden lässt, sieht den Zwiespalt nicht, in dem sich dieser Autor bewegte. Reicht die Einordnung des Autors in eine Geschichte der Popkultur aus? Lässt sich Brinkmann angemessen bewerten, wenn er in eine konstruiert wirkende Herkunftserzählung der Popkunst eingezwängt und zum Mitbegründer späterer Tendenzen in den neunziger Jahre gestempelt, wenn er zum Kronzeugen der Antikunst erhoben wird und für jede neuere Entwicklung herhalten muss? Jenseits der üblichen Fragen nach den ästhetischen Grenzüberschreitungen, nach dem Einsatz von

Medien, nach den kunstkritischen Themen, jenseits der Annahme vom Autor als radikalem Erneuerer soll hier einmal der fundamentale Zwiespalt im Mittelpunkt stehen, jener Selbstzweifel, aus dem heraus – so die Annahme – Brinkmann zeitlebens gearbeitet hat, an dem er sich offensichtlich auch abarbeiten musste.

Wahrheit zwischen Extremen

Dass die These vom Gründervater der literarischen Popkultur Schwächen hat, verbessert auch ihre ständige Wiederholung nicht. Sie zählt zu den ältesten und zählebigen Mythen, die Brinkmann umgeben. Selbstverständlich muss sein Werk ab Mitte der sechziger Jahre im Kontext der Popkultur gelesen werden, selbstverständlich hat er seinen Anteil, wenn nicht den größten Anteil an der Vermittlung neuer amerikanischer Literatur auf dem deutschen Buchmarkt. Und bekanntlich war er einer der ersten, die beim Schreiben von Gedichten unter dem übermächtigen Eindruck des Rock 'n' Roll standen. Eine Zeit lang will Brinkmann Schallplatten gehört haben während er schrieb. Selbstverständlich spielt die Popmusik für die Alltagskultur in der damals jungen Generation sowie für ihr Lebensgefühl die schlechthin herausragende Rolle. Dem Sound dieser Zeit nachzugehen gehört zu den Aufgaben jeder Darstellung der Texte Brinkmanns, schon weil von der Musik in dieser Generation eine Art Lebensorientierung erwartet wurde. Aber im gerade angedeuteten Zusammenhang mit dem letzten Jahrzehnt des vergangenen Jahrhunderts erfolgt die Berufung auf Brinkmann zu Unrecht. Denn die neuen Popliteraten nach 1990 unterscheiden sich in ihrem unverkrampften Umgang mit Konsum und Medien fundamental von Brinkmanns Verständnis. Wir müssen auch akzeptieren, dass Brinkmann sich schon 1971 wieder vom Pop abwendet. Der Blick vom Anfang her, vom Beginn seiner Arbeit belegt ganz andere Prägungen und Hintergründe. Sie haben sich durch die relativ kurze Phase der Beschäftigung mit Pop hindurch erhalten. Am tiefsten aber unterscheidet sich Brinkmann von der jüngeren Literatur durch seinen hohen, ja höchsten Anspruch an eine ernsthafte Literatur. Jede Orientierung am kommerziellen Erfolg, wie ihn die neuen Popliteraten ganz selbstverständlich suchen, ist ihm suspekt.

Ein im Grunde konservatives Weltbild schreiben ihm zahlreiche Weggenossen zu (Wellershoff, Freyend, Piwitt), und was Frauen, Sex, was die Beziehungen zu Mitmenschen insgesamt angeht, Rückständigkeit, sogar Abschreckendes. Das passt einerseits zum Bild des Provokateurs, des Außenseiters, des Getriebenen und grundsätzlich am Neuen orientierten Suchers. Brinkmann als Prototyp des Modernen. Andererseits ist er aus der katholischen Kirche nie ausgetreten, es ist nicht einmal bekannt, dass er darüber nachdachte. Einen wichtigen Hinweis gibt seine Beerdigung. Nach damaligem Brauch hätte er im Falle des Kirchenaustritts nicht auf dem katholischen Friedhof in Vechta beerdigt werden können. Der Katholizismus ist ein Widerpart geblieben, der ihn nie verließ, der ihn ständig begleitete, der ihn in gewissem Sinne sogar in Bann zog. Die Herkunft war ihm in dieser Hinsicht ein lebenslanges und nie ganz bewältigtes Potential, das noch in den entlegensten Teilen des Werkes durchscheint. Brinkmann, der nie über seinen Schatten gesprungen ist? Die Wahrheit liegt wohl in der Mitte zwischen den beiden Extremen:

> Erinnerung an den Geruch von 1953, Sakristei Vechta, St. Georgs Kirche, schwarzes Eichengestühl // […] Weihrauch! Andachtsdiener! Silberne Armstulpen! / : Lasse ich zurück […] Bin ich'n Andachtsdiener? Waren für

> mich rote Troddeln und ’ne Schau! Dieses Bücken, wer konnte am tiefsten sich Bücken beim Stufengebet, und wer am schnellsten das Mea Culpa runterrasseln / Mea Culpa? Ich hab keine Schuld! (Erk 229)

Auffällig ist zunächst einmal das christliche Vokabular, das Brinkmann offensichtlich beschäftigt. So sehr, dass er sich noch viele Jahre nach Vechta damit auseinandersetzt. Er spricht keine rein säkulare Sprache, wenn er über seine Jugend schreibt, und ihm fehlt die Souveränität der kompletten Abwendung von dem Erlebten. Er verwindet auch nicht die praktischen Hintergründe der seinerzeit ›erlittenen‹ Frömmigkeit. Geht es um ein kirchenloses Christentum? Oder spricht aus ihm eine unchristliche Religiosität? Ein tiefes Interesse, das am Ende zwischen einem »Vielleicht« und einem »Vielleicht nicht« hin und her schwankt? Brinkmann sucht nach existentiellen Aussagen über sein Leben aber durchaus in Bezug auf Transzendentes.

Gestörte Vermittlung. Szenen einer Nähe zum Glauben

Selbstverständlich finden wir das immer wieder im Werk. Jene zwiespältige weltanschauliche Situation mündet in ein gebrochenes Weltbewusstsein. Das ist auch typisch für die moderne Literatur. Die Trennung in untere, als eigentlich maßgebende, unser Leben direkt bestimmende, und in höhere Bedürfnisse, die im Verdacht des Irrealen stehen, bleibt unausgeglichen. Dennoch beleuchtet wenigstens ein Schein von Metaphysik die Möglichkeit, solche gegensätzlichen Aspekte zu vermitteln. Gleich wie man sie benennen mag, die höheren Bedürfnisse entziehen sich der Reflexion. Zwar bevorzugt das gebrochene Weltbewusstsein die Auseinandersetzung mit einer greifbaren Realität – den sogenannten Dingen des Alltags – doch gerade diese mit konkreter Wirklichkeit angefüllte Subjektivität scheint sich nach einem Ausbruch aus dieser unbefriedigenden Welt zu sehnen. Wenn in dieser Situation Religion und Metaphysik nicht mehr zur Verfügung stehen, wenn die Bevormundung durch Konfession und spekulative Philosophie wegfallen, gibt die Kunst einen Halt. Allerdings um den Preis einer Welt, die ohne Fundament auskommen muss.

Die eben geschilderten Suchbewegungen Brinkmanns in der Beichte und einem wortstark vorgetragenen, aber vom Zweifel umwitterten Gottvertrauen finden ihr Pendant in den frühen Erzählungen unter dem Titel *Was unter die Dornen fiel*. Identifizierbare Angaben wie Namen oder Filmtitel datieren einige Texte in die Zeit um 1960 oder wenig später. Die kurze Geschichte *Guten Tag wie geht es so* ist von besonderem Interesse, baut sie doch jene zwiespältige Situation eines schwankenden Bewusstseins auf.

Die Zeit ist ein Nachmittag, der Ort ein Zimmer, der Gegenstand ein Ich, das sich langweilt und nachdenkt, Erinnerungen nachhängt, grübelt, ohne Ergebnis. Am Anfang und am Ende steht »der Aschenbecher« (Erz 369, 379). Protokollartige Sätze erschaffen eine Atmosphäre der Bedrohung durch die absolute »Reglosigkeit des Zimmerzustandes« (Erz 373) und den wie erschöpft wirkenden Nachmittagsblick, mit dem das Ich »lichtkrank« (Erz 369) die Dinge sieht. Im Sitzen vor dem Aschenbecher riecht es die eigenen »Körperausdünstungen« (Erz 369), »ganz zurückgezogen … besonders vor dem Lichtandrang« (Erz 372) konzentriert sich das Ich auf sich selbst und muss feststellen, dass »jedes für sich sei«, dass alles in Bewegung geraten wie austauschbar sei und verschwimmt, selbst »die festineinandergefügten Linien und Flächen« der Fenster und Türen. Sowohl die eigene Fleischlichkeit als auch die Wahrnehmung sind unsicher: »An diesem Nachmittag ist alles nur vermutlich« (Erz 374). Die existentielle Szenerie fasst der Satz zusammen: »Ein Ganzes ist nicht auszumachen« (Erz 371).

Nun kommt es zum Einbruch des Unerwarteten. In einer Art Entladung könnte sich die belastende Situation auflösen: »Die Augenblicke drehen sich. Es läuft eine Zentrifuge. Wenn jetzt ein Wort ins Gewicht fiele, so denke ich, wäre ich befreit. Mein Fleisch ist träge.« (Erz 374) In auffällig christlichem Vokabular spricht der Text von der Erlösung, einer möglichen Erlösung, die er noch weiter entfaltet:

> Ich mache den Mund auf, da kann es nicht verleugnet werden, ich stinke. Fauler Atem. Mund geöffnet, Mundgeruch, Mundwasser hilft dagegen nicht, es ist ein Zustand, der nicht behoben werden kann, es kommt aus dem Innern heraus, will sein, quillt heraus, aus den Poren kommt es, aus dem Mund, wenn ich den Mund öffne, ist da, Talggeruch, Mundgeruch, ist um mich herum, lächerlich solches verleugnen zu wollen. Das Halbdämmer im Zimmer hier ist gut. Ich sitze ruhig im Zimmer und bin dem Glauben nahe. (Erz 375)

In diesem barocken Selbstporträt menschlicher Nichtigkeit (vanitas) und Weltverachtung (memento mori) fehlt auch nicht der tröstliche Aspekt (consolatio), die konjunktivische Erwartung des erlösenden Wortes. Zwar lenkt der Text sofort ab, weil dem Ich nun ein Mädchen auf der Straße in den Sinn kommt, aber auch diese Erinnerung wird durchbrochen vom eingeschobenen Bekenntnis »ich bin am glauben, eine weiße Bluse hatte es angehabt«, wohl »ein Kommunionkind, das den lieben Heiland im Bauch hat« (Erz 375 f.). Überhaupt bleibt der Text durchgängig in der Schwebe zwischen nackter Alltäglichkeit und dem Festtag, einer Schwebe, die in den aufdringlich angedeuteten christlichen Zeichen aufscheint. In der Schlusspassage stellt sich das Ich als »atmender Fisch« vor, der ohne Bewegung im Wasser steht, und weiterhin steht alles still im Zimmer (Erz 376). »Veränderungen sind nicht eingetreten«, auch in Zukunft wird alles leer sein. Und dennoch: Es ist etwas geschehen, »Eine kleine Gegenwart ist es gewesen«, auch wenn das Ich beteuert »allerhand hätte ich doch nicht geglaubt« (Erz 378).

Die ganze Geschichte ist um diese Szene einer verhinderten Glaubenserfahrung herum gebaut. Die dargestellte Alltagswelt, ihre Gegenstände wie auch die Sprache, in der davon erzählt wird, sind christlich durchtränkt. Der gesamte Text lässt sich wie ein Bericht des modernen Zweiflers lesen, der nicht zum Glauben finden kann, ihm aber sehr nahe gekommen ist. Das ist kein Einzelfall. Die gesamte Prosa der *Erzählungen* zeigt diesen Zustand des Ichs, das von sich sagt, es sei eben das »Ausgesetztsein in der Ödnis, was mich herumtrieb durch die eigene Wirrnis« (Erz 53). Das geplagte Ich sieht sich grundsätzlich *In der Grube*, wie es in der gleichnamigen Geschichte heißt, und dort unten kann es über den Himmel nur sagen, dass er »über ihm eiterte« (Erz 60). In langen Passagen, die deutlich an Sartre und Camus erinnern, resultiert aus dem Erschöpfungszustand die resignative Einsicht: »er konnte Hymnen singen, näher zu Gott, nichts hatte es je ausgerichtet« (Erz 63). Es ist das bekannte, von seinem späteren Lektor Dieter Wellershoff beschriebene Existenzmodell des »Gleichgültigen«, das Brinkmann hier ausgiebig zitiert (Erz 63 f.).

Wellershoff hat in vier Essays über Hemingway, Camus, Benn und Beckett von der »gestörten Vermittlung« gesprochen, welche im Werk dieser Autoren die tiefgreifende Unsicherheit im Verhältnis von Ich und Welt prägte (Wellershoff 1963, 9). Das moderne »Existenzmodell« nach dem Ende der Metaphysik setzt die Figuren dem Druck der Unmittelbarkeit aus, dem Druck des Konkreten, wie ihn die pure Faktizität ausübt. Die Subjekte reagieren darauf mit Abscheu, ohne Verfügungsgewalt, und je stärker die Details, desto deutlicher – am Beispiel von Roquentin in Sartres *Der Ekel* – spüren sie den Schwund des eigenen Willens. Sie verhalten sich passiv, wie auch bei Brinkmann, sie registrieren bloß das Fremdwerden der Welt, eine gespenstische Verdinglichung. Alles wird ununterscheidbar, indifferent (Wellershoff 1963, 34, 52ff.).

In Brinkmanns *Guten Tag wie geht es so* führt die grundsätzlich gestörte Vermittlung von Ich und Welt den Ich-Erzähler mitten hinein in die Szene einer Nähe zum Glauben. Aber gleichzeitig schaudert er vor dem letzten Schritt zurück. Dieser Weg scheint versperrt. Aber genau diese Erfahrung ist dennoch der Darstellung wert. Und sie charakterisiert die kleine Sammlung mit frühen Erzählungen. Ihr Titel *Was unter die Dornen fiel* ist wahrscheinlich angeregt von der damals viel gelesenen Bekehrungsschrift eines katholischen Journalisten, Michael de la Bedoyère, der mit seinem Buch *Und Einiges fiel unter die Dornen* 1955 eine alltagsnahe Werbung für katholische Lebensart vorlegte. Brinkmann wird sie während seiner Zeit in der Essener Münsterbuchhandlung in die Hände gefallen sein. Das Zitat aus Jesu Rede über die Gleichnisse ist in der Bibel mehrfach belegt (Markus 4,7; Lukas 8,4–8; Matthäus 13,7). Besonders ausführlich gerät im Matthäus-Evangelium die Auslegung der Parabel vom Sämann, dessen Samenkorn zum Teil in die Dornen fiel, welche die Saat erstickten. »In die Dornen ist der Samen bei dem gefallen«, so liest man dort, »der das Wort zwar hört, aber dann ersticken es die Sorgen dieser Welt […] und es bringt keine Frucht.« (Matthäus 13,22) Das Wort, das zwar »aufgeht«, aber doch unfruchtbar wird – eine Vorstellung, die Brinkmann gut mit seiner eigenen Schreibweise vergleichen kann. Die negative Stellung des Wortes in der Zeit, die vernehmbare Rede, die ohne Hoffnung auf Wirkung verhallt, solange sie nicht mehr ganz durchdringt, das alles deutet er mit dem Zitat an. In der Gleichnisrede Jesu steht das große Thema Hören und Verstehen im Zentrum. Das Leitwort Verstehen bildet hier das Scharnier für die Applikation, es stellt den Bezug her zu den hermeneutischen Ausführungen in der Bibelstelle. Und es lenkt die Auslegung des Bildes, weil es genau den genannten Zwiespalt, jenen ambivalenten Umgang mit dem religiösen Wort, mit dem Glauben überhaupt einfängt. Auch das literarische Wort ertönt unter veränderten Bedingungen. Das zum Titel erhobene Bibelzitat rückt die Geschichten Brinkmanns in das Feld jener existentiellen Frage, die auch dem modernen Menschen aufgegeben bleibt, der ohne Auferstehungsglauben auskommen muss und will.

Ohne dem folgenden Versuch vorgreifen zu wollen, könnte man fragen, ob Brinkmann als Person nicht auf eine neue Religion hofft, ob er einer (neuen) Spiritualität jenseits der (bekannten) konfessionellen Zwänge das Wort redet? Wir müssen die Frage nach der Rolle des Übernatürlichen bei ihm noch einmal grundsätzlich stellen. Wenn man ihn umstandslos zu einem »Hyperchristen« ernennt, führt das wohl nicht weiter. Denn das würde bedeuten, dass wir schon dem jungen Brinkmann nicht einmal die Suche zutrauen, dass wir ihm nicht einmal Phasen des Zweifelns gönnen wollten. Stattdessen würden wir einfach von einer Haltung ausgehen, die sich irgendwann ausgebildet hätte, die unverändert blieb, was immer auch jenes »Hyperchristentum« überhaupt sein mag, und unabhängig davon, ob es Hyperchristen je gab. Zunächst sollten wir die Offenheit bei jedem voraussetzen, Neugier und Unentschiedenheit wenigstens auch bei dem jungen Brinkmann annehmen.

Heiliger Ernst

Lassen wir uns auf den jungen Brinkmann ein, erscheint er uns wie ein typischer Jugendlicher der fünfziger Jahre. Die Jahre des Aufbaus der materiellen Welt nach dem Kriege sind gekennzeichnet durch Ruhe und Sicherheit. Pflicht und Schuldigkeit sind die wichtigsten Tugenden. Auch in Vechta, das vom Krieg weitgehend verschont geblieben war. Der Einzelne wird durch eine feste Ordnung gehalten, für Freiheit und spontanes Aufbegehren ist kein Platz. Mit den neuen Segnungen des Marktes kam auch Unerwünschtes, für vulgär oder grob Gehaltenes ins Land, das sich mit den überkommenen Vorstellungen von dem, was sauber und anständig sei, nicht vereinbaren ließ: Musik, Kleiderstile, Filme (Farin 12). Das rasante Tempo, in dem sich die Lebenswelt der Jugendlichen von derjenigen der Erwachsenen trennte, führte sehr schnell zu Konflikten, die in alle Bereiche des Alltags hineinspielten. Aus braven, willigen und strebsamen Schülern wurden plötzlich aufsässige, unkontrollierbare Teenager. Die Distanz zwischen den Generationen wuchs mit dem gegenseitigen Unverständnis. Fast alle Familien führten harte Auseinandersetzungen um den, im Sinne der Eltern richtigen, von den Jugendlichen gefälligst einzuschlagenden Lebensweg.

Brinkmanns Aufbegehren, wenn wir das Wort Revolte vermeiden wollen, hat in der katholischen Umwelt seiner Heimatstadt Ablehnung, Unverständnis und pures Entsetzen hervorgerufen, zum Teil bis heute. Da kamen nun nach dem überstandenen Kriege und den Entbehrungen der Nachkriegszeit junge Leute, die es doch besser hatten als ältere Generationen, und doch hatten sie für das Erreichte nur Kritik und Verachtung übrig. Wo die Eltern Anerkennung, zumindest Verständnis erwarteten, stießen sie auf Abkehr, Angriff und Hass. Das radikale Auftreten von Jugendlichen wie Rolf Dieter Brinkmann, das provokante Verhalten, ihre ungeschliffenen Umgangsformen und ihre rohe, direkte Sprache, ihre fundamentale Kritik am Biedersinn schienen und scheinen vielen ganz inakzeptabel. Auch die mögliche Entschuldigung, den Jungen ginge es ja gar nicht um persönlichen Gewinn, sie würden nicht einmal materielle Interessen vertreten, konnte nicht überzeugen. In der Tat war auch Brinkmanns Absicht eine idealistische, sein Beharren auf einem Wandel des Bestehenden, auf grundsätzliche Änderung unserer Lebensweise, auf Veränderung unseres Bewusstseins gehörte für ihn zu den Gewissheiten seiner Generation.

Diese Suche nach neuen Lebens- und Gemeinschaftsformen stand immer schon im Verdacht, von selbsternannten Propheten gesteuert zu sein. Politischer und sozialer Idealismus sind Erscheinungen religiösen Ursprungs, wie schon Max Weber wusste. Ein Umschlag ihrer Erregung ins jeweilige Gegenteil liegt nahe. Manche politische Forderung ist zum Verwechseln ähnlich mit esoterischen Parolen oder kommt leicht in den Ruch einer allzu großen Nähe des Gedankenguts zu Abseitigem. Das war der Verdacht, mit dem die Umwelt Brinkmann begegnete. Er suchte den Ausweg vor allem in der Literatur. War aber sehr ansprechbar für alles, was eine Überwindung der kleinstädtischen Erlebniswelt versprach. Sein ungeheurer Erfahrungshunger machte ihn empfänglich für Erweckungen, die er im Existentialismus, der französischen und amerikanischen Lyrik, im Jazz, Rock ’n’ Roll, Beat und schließlich im Pop fand. Immer auf der Suche nach Veränderungen im Bewusstsein, immer entschieden für ein Alles oder Nichts, solange es nicht den Anschein des Kompromisses hatte. Unruhe, eine gewaltige innere Unruhe muss ihn umgetrieben haben, die Spannungen zwischen den Generationen scheinen sich in ihm derart verdichtet zu haben, dass er seiner unmittelbaren Umgebung in Vechta als der Leibhaftige erschien:

> Wozu war man bereit? Ich habe oft gedacht, daß man die Erwachsenen totschlagen müßte – und ich habe oft damals gedacht, daß ich nie so erwachsen werden möchte, wie ich sie um mich hatte – eine sinnlose Rebellion, in die man gehetzt wird, eine sinnlose und ergebnislose Verklammerung, die viel Energien verbraucht – ich habe den Lehrern Knochenbrüche gewünscht, ich habe ihnen das Dreckigste, was man sich vorstellen kann, an den Hals gewünscht – ich bin von Krüppeln erzogen worden mit Krüppelvorstellungen! (RB 377)

Diese spätere, schonungslose Einsicht in die ungestümen Wünsche des Vechtaer Jugendlichen relativiert zwar den Generationenkonflikt, bestätigt aber noch einmal rückblickend den umfassenden Kontrollanspruch, der bei aufgeweckten Jugendlichen starke Abneigung hervorrief. Diese Abwendung richtete sich natürlich auch gegen die Kirche. Die auch andernorts überlieferten Zeugnisse von Jugendlichen aus den fünfziger Jahren dokumentieren eindrucksvoll das Ringen dieser Generation um den Glauben, um Ideale generell (Bertlein 84ff. und 195ff.). Der Zwang zum Besuch des Gottesdienstes, mit dem Brinkmann aufwuchs, provozierte Fragen nach der Legitimität der Institution Kirche. Brauchte man überhaupt noch die Kirche? Sollte christlicher Dienst nicht aus dem Inneren kommen? Und waren die Moralvorstellungen noch zeitgemäß? Sollte man nicht besser darüber diskutieren? Sollte man nicht den lieben Gott einen guten Mann sein lassen und sich wichtigeren Fragen zuwenden? Gab es nicht andere, bessere Vorbilder als Jesus Christus? Hatte nicht die neue Philosophie des Existentialismus ganz andere Wege gewiesen? (Bertlein 293) Selbst wenn man den Schöpfer leugnete und an die Auferstehung nicht mehr glauben konnte, gab es doch Aussicht auf ein verantwortetes Leben.

Brinkmanns Lebensgefühl am Ende der Vechtaer Zeit 1958 war geprägt von der großen Erwartung. Sie war das Gegenbild zur schwierigen Herkunft »voller Drohungen und Schmerzen« (Erk 283), Letztere bezogen sich auf den frühen Krebstod der Mutter, aber die Erwartung setzt er in Großbuchstaben, als wäre sie ein Filmtitel:

> Und dagegen der Traum? Wovon träumten wir? Wahrscheinlich von Intensität. Dachten, außerhalb Vechtas liegt das Große Berauschende Leben, und man braucht bloß hinzugehen und wäre mitten drin in dem großen, berauschenden Leben, als ob das so eine besondere Qualität sei, eine Art Stoff, wie ein Getränk, das es überall gab, nur nicht da, wo wir gerade abends in der Dunkelheit standen, und mir gings ziemlich an den Kragen in der Schule, und ich war ganz wirr wegen des Sterbens meiner Mutter, mit der ich so viele Kräche hatte [...]. (Erk 287)

Auch später noch erwähnt er immer wieder das Warten auf das Unbestimmte, Unbekannte, die »große Offenbarung?« (Erk 284). Nur um zu vergegenwärtigen, wo sie vergeblich gesucht, wo sie vielleicht sogar in betrügerischer Absicht feilgeboten wird. Bekanntlich steht der christliche Glaube in einem Gegensatz zu Auswüchsen gesellschaftlicher, wirtschaftlicher, politischer oder mentaler Natur. Dies zugestanden, darf man nicht übersehen, dass sich Brinkmann mit seiner umfassenden Kritik, die am Ende in eine beinahe vollständige Abwehr von sozialen Ansprüchen mündet, in eigenartiger Nähe zu christlich begründeten Formen der Weltflucht wiederfindet.

»Wo aber ist das Leben?« (Ww 2005, 259) Immer wieder wirft er die Frage auf. Alle Experimente, alle Versuche auf vielen Feldern der Künste gehen aus dieser ernsten Frage hervor, die den Autor noch bei den kleinsten alltäglichen

Handlungen leitete. Der Drang zu einer rastlosen und unerschöpflichen Arbeit mag unbegreiflich bleiben, aber der Impuls zum Widerstand gegen die umfassende Erschöpfung, der Wunsch nach dem Ausbruch aus einer in jeder Hinsicht als Beschränkung empfundenen Realität und die Hoffnung, gerade der medial erzeugten Phantomwirklichkeit durch eine starke, klare Anwesenheit Herr zu werden, bilden das nachvollziehbare Movens dieses außergewöhnlichen Autors.

Was hat er nicht alles behauptet. Alles und jedes verworfen. Keine Person, kein Kollege, kein Freund blieben verschont, weder die Zustände, wie er sie kannte, noch die eigenen Tätigkeit waren vor seiner beißenden, ätzenden Kritik sicher – und schon gar nicht die Literatur. Nimmt man die bisher bekannten biographischen Details, darf man die anekdotisch überlieferten Großsprechereien ohnehin relativieren. Bemerkenswert bleibt der heilige Ernst, mit dem Brinkmann durchweg spricht. Er schleudert der Welt so schlimme Worte entgegen, dass man den Eindruck bekommt, sie könne ihnen nicht standhalten. Er wettert, er vernichtet die Welt, er reißt Augenblicke aus dem Fluss des Erlebens heraus, kondensiert sie in ungewöhnlichen Bildern und drückt sie uns auf die Augen, damit wir sehen lernen. Er zerstört unsere Erwartungen an Normalität, an Alltag, an die Heimat, an alles, was uns lieb und teuer scheint, so gründlich, dass wir nicht mehr begreifen, wie unter solchen Einsichten überhaupt noch zu leben wäre. Er scheint alles zu hassen, so sehr, dass wir seine Texte angewidert aus der Hand legen und fragen, warum wir uns damit beschäftigen sollen? – Der starke Antrieb, der sich in all dem zeigt, macht deutlich, wo wir suchen müssen. Einmal ruft er aus: »Wenn das nicht Transzendenz ist, wa??« (Erk 405) – Auch wenn es das nicht schon ist, dürfen wir doch einen starken Sinn dafür unterstellen. Im Hintergrund steht ein großer, ein heiliger Ernst. Er kann sich auf verschiedene Weise äußern.

2 Erweiterung

Der Vorteil eines Verzichts auf eine überhistorisch gültige Erklärung von Religion erweist sich nunmehr schnell, wenn man von den Erfahrungsformen ausgeht, in denen sich religiöses Empfinden ausdrückt. Auch bei Brinkmann grundieren eigene Beobachtungen und unmittelbar Empfundenes eine Art Lebensphilosophie. Jedenfalls kann man sie rekonstruieren. Eine Annäherung an den geistigen Fundus, aus dem der Autor schöpft, erfordert allerdings eine reflektierte Darstellungsweise. Am besten ist in diesem Kapitel das abwägende Einerseits–Andererseits dafür geeignet, denn damit kann man die charakteristische Bewegung der Themen in seinen Texten freilegen. Es gibt nur wenige wiederkehrende oder durchgängig formulierte Anhaltspunkte für eine Grundausstattung, und viele der behandelten Gegenstände sind so ambivalent gehalten, dass sie nicht einfach auf den Begriff zu bringen sind. Meistens gestaltet er Themen auf mehreren Ebenen. Das erschwert ein Vordringen zu den vorausgegangenen Formungsakten.

Zuvörderst muss uns die Einsicht leiten, dass auch Unmittelbares nicht direkt darstellbar ist. In die Erfahrung wirken immer schon Wahrnehmungsmuster ein, in der Sozialisation erworbene Denkformen und Deutungsstrukturen, die wir nicht einfach hintergehen können. Erfahrung, ihr Ausdruck und das kulturelle Repertoire wirken unauflöslich zusammen. Brinkmann ist sich aber auch des Problems bewusst, dass er die Muster braucht, dass er sie verwenden muss, wenn er sie durchbrechen und ›ureigene‹, neue Felder der Wahrnehmung erschließen möchte. Solche schwer zu fassenden Vorgänge sind Ansatz, Weg und Gegenstand zugleich. Einerseits bilden sie die Ausgangspunkte der Arbeit des Autors und inhaltliche Kerne seiner Texte, andererseits stehen sie zugleich als Zeichen für die vom Autor bemühten

Denkweisen ein. Sie sind immer ein Bestandteil des Verfahrens selber.

Beim Denken, Empfinden und beim Schreiben steht für ihn die Erweiterung im Vordergrund. Brinkmann sucht die Erweiterung auf allen Ebenen des Reflektierens, des Handelns und der Kommunikation, kurz in allen Lebenssituationen. Dabei entwickelt er ein großes Gespür für die Affinität zwischen (äußerer) Bestimmtheit und (individueller) unverbürgter Erfahrung, aber auch für die Bruchstellen, an denen keine Vermittlung mehr möglich ist. Seine Arbeit dient dem Beschreiben aller erreichbaren Bedingungen, unter denen es zu Erweiterungen kommen kann. Er nennt es nur anders. Er spricht dann gerne von der Sensibilität. Er beruft sich auf die große Aufgabe – seine Lebensaufgabe – einer ganz neu zu erwerbenden Sensibilität.

Die Forderung nach »Sensibilität« und Spiritualität gehörte grundsätzlich zu den Jugendbewegungen. Sie ist in der Mitte des Jahrhunderts belegt von den Hippies bis zu den 68ern (Lipton, Hollstein, Mehnert), von Jack Kerouacs Beat-Generation bis zu Herbert Marcuse, der mit seinem *Versuch über die Befreiung* (1969) die Programmschrift der Kritischen Theorie für die Protestbewegung vorlegte. Unter Sensibilität verstand er »den Sieg der Lebenstriebe über Aggressivität und Schuld«, die Basis für nicht entfremdete Existenz nach dem Kriege. Sie impliziert die Abkehr von den »falschen Vätern« wie auch »die Negation des gesamten Establishments« (Marcuse 43–45). Dagegen setzt er »das Sinnliche, das Spielerische, die Muße« und »das Ästhetische«. Letzteres ist gewissermaßen der Garant und Motor der neuen Sensitivität, an deren Stelle man auch einfach das Wort Freiheit setzen kann. Dem ästhetischen Universum, so weiß Marcuse, verdanken wir sogar die Fähigkeit zur Freiheit. Anzeichen dafür erkennt Marcuse in den Subkulturen und ihren phantasievollen Slangausdrücken (wie

»trip, grass, pot, acid«, 58). Für Brinkmann ist an diesem kleinen Essay vor allem ein Gedanke leitend, nämlich Marcuses Forderung nach einer »neuen Sprache« (55). Wobei Marcuse gerade darauf besteht, dass sie nicht politisch vereinnahmt werde, sondern diese neue Sprache ziehe wie die dichterische auch all ihre Kraft und Wahrheit »aus ihrem Anderssein, ihrer Transzendenz« (57). Die »Revolution der Wahrnehmungsweise« bedeutet, dass die jungen Rebellen neu »sehen, hören und fühlen«, respektive ›sprechen‹ lernen (Marcuse 61).

Bei aller Kontinuität romantischer Ideen, wie sie bei Marcuse mit Händen zu greifen ist: das Thema kommt Brinkmann zuerst über Susan Sontag zu. Er spricht erst nach 1968 davon, als ihm ihr Essay *Die Einheit der Kultur und die neue Erlebnisweise* (*One Culture and the New Sensibility*) von 1965 in ihrem bei Rowohlt erschienenen wichtigsten Aufsatzband *Against Interpretation* (*Kunst und Antikunst*) zugänglich geworden war. Sontag entfaltet die Idee vom erweiterten Selbstgefühl in allen Lebensbereichen und reklamiert das Thema gleichfalls vorzugsweise für die »Kunst als die Erweiterung des Lebens« (Sontag 291). Sie geht vom modernen Kunstwerk aus, von seiner verstörenden Wirkung, und stellt fest, dass die »moderne Kunst wie eine Schocktherapie wirkt, durch die unsere Sinne verwirrt und zugleich geöffnet werden« (Sontag 293). Wenn der moderne Mensch »unter einer massiven Betäubung der Sinne steht«, so ihre Diagnose, dann wirkt die Kunst tatsächlich wie eine Erweckung. Dafür verwendeten die zeitgenössischen Künstler längst nicht mehr nur Leinwand und Farbe, sondern Haare, Fotos, Sand, Fahrradreifen, »ja selbst ihre eigenen Zahnbürsten und Socken« (Sontag 288). Die Musiker ließen sich auf synthetische Klänge und den Industrielärm ein. Man sieht: Susan Sontag geht es vor allem darum, die zeitgenössische Lebenswelt, deren Methoden,

Materialien und Produkte in der Kunst reflektiert zu finden und dort aufgehoben zu wissen, damit alle heutigen Erfahrungsbereiche zugänglich sind. Was sie »Erweiterung« oder »Ausdruck (neuer) Formen der Lebendigkeit« (Sontag 291) nennt, und Brinkmann zitiert das Wort in seinen poetologischen Aufsätzen regelmäßig, beschreibt diesen Effekt der sensuellen Erweckung des Rezipienten. Er soll mit allen Sinnen berührt werden. Kunst hat also auch eine spirituelle Aufgabe, ausgehend von materieller, organischer Anziehung, die sich am Unscheinbaren entzündet, aber durchaus Fernwirkung auf den ganzen Körper ausübt.

Einsichtige Religiosität: Ein Brief

Ein Zusammenhang von Selbstgefühl, wieder erregter Lebendigkeit und neu erwachter Spiritualität wird bei Sontag nicht ausdrücklich formuliert, gleichwohl wirkt er im Hintergrund kräftig mit. Ihr Grundgedanke vom verblendeten (betäubten) und erweckungsbedürftigen Menschen ist natürlich alt und stammt aus idealistischen Kontexten. Der Gedanke spielt bekanntlich in religiösem Zusammenhang eine nicht unerhebliche Rolle. Immer wenn es darum geht, den Menschen neu zu positionieren, ihm etwas Fehlendes oder verloren Gegangenes aufzurechnen, kommen solche Denkfiguren zum Einsatz. Das in den 60er Jahren wieder einmal bedrohte Selbstgefühl ist nichts weiter als ein Gefühl einer fremden Bestimmtheit, einer Abhängigkeit, die überprüft werden soll. Demnach trägt der Drang nach dem Erleben der eigentümlichen neuen Sensibilität ein spirituelles Element in sich. Denn die ungeahnte Intensität kann nur aus den Begrenzungen heraus entstehen. Sie muss sich in den Grenzen entwickeln, sich ihnen aber als überlegen erweisen. Dann springt sie über die gewohnten und als zu eng empfundenen Bestimmungen hinaus. Zugleich ertönt immer derselbe Ruf nach gesteigerter Selbsterfahrung.

Die gleiche Diagnose stellt Brinkmann im Gespräch mit seinen zukünftigen Schwiegereltern, denen er am 22. Oktober 1963 einen längeren Brief nach Gütersloh schreibt. Im Goldstein-Brief (Maleens Mutter Irmgard Kramer hatte sich wieder verheiratet mit dem Buchhändler Reinhard Goldstein) findet sich die Passage mitsamt den Lektürenachweisen zur Stellung der Religion:

> Ich habe noch einmal den Tillich-Aufsatz über die Zeit durchgelesen und verglichen (direkt) mit Gebsers Ausführungen in »In der Bewährung / 10 Hinweise auf das neue Bewußtsein« (S. 14/15), wobei – was ich Ihnen auch schon kurz andeutete – kaum ein wesentlicher Unterschied bei beiden Autoren besteht, aber welch eine Diskrepanz wird deutlich, wenn man diese Erkenntnisse auf die ALLGEMEINE heutige Situation reflektiert bzw. man eine Beziehung herzustellen versucht. Da der religiös bezogene Mensch ja schon von Anfang auf dieses sich immer wieder neu herausbildende Bewußtsein hinlebt, (eben-weil die religiös fundierte Haltung keine Begrenzung durch den Raum und die Zeit erhält), und sich somit eigentlich in einem wirklichen Frei-Sein auf die Zukunft (die durchaus ganz konkret und real gesehen werden kann mit einem Wochenendhaus auf dem Mond!) hin befindet: wie müßte gerade er (solch ein Mensch) heute sichtbar sein, die Zeit, jetzt, hier erfassen können mit ihren ausgeweiteten Möglichkeiten – aber, und das ist im Grunde so lächerlich, wenn es nicht zugleich beschämend wäre!, stattdessen verneint gerade dieser Mensch immer wieder und hartnäckig diese Möglichkeiten, die morgen schon Fakten sein können, verschanzt sich hinter den überkommenen Werten,

> schwingt die Fahne für eine Tradition, eine verdummte »Historie«, die schon längst zur Farce geworden ist, die keinen kranken Hund hinterm Ofen hervorlocken kann: immer weiter, bis in alle Ewigkeit soll offensichtlich das Mittelalter sich ausdehnen, wobei es, das nur am Rande bemerkt mit einem Hinweis auf T. de Chardin, eine der ersten christlichen Forderungen ist (schlecht, ich meine: Auftrag), nämlich: DASS DAS DENKEN (sobald es auftritt) SICH SELBER ANZUNEHMEN HAT (= die Erde untertan machen, was Aktivität ist, jedoch nicht begrenzt!!!). Aber es wird immer noch so getan und gelebt, als sei Phantasterei, Zauberei, Tempeltanz und hysterischer, metaphysischer Wahn, der ganze Klamauk, der den heutigen Religionen anhängt, wesentliches Ziel! Wo finden Sie eine Theologie, die keine Aftertheologie (= das Pferd von hinten aufzäumen mit Vorstellungen vom Jesulein und was weiß ich, dazu als Fußnote, was wie ein Gebet anmutet, ein Satz aus Becketts »Murphy«: Golf hilf Dir in der Pupille (wörtlich verstanden!). Man kann nicht mehr mit den Begriffen wie Moral u. a. heute stichhaltig argumentieren, weil derartige Sinngebungen, die solchen Worten anhängen, aus einem Erdzeitalter kommen, in denen ein allgemeines Bewußtsein von der eigenen PERSON nicht vorhanden war, die Wertungen HEUTE müssen aus dem Einzelnen selber genommen werden und kommen, und sie könnten es! Das alte Weltbild hat sich selber ad absurdum geführt (Gebser) – vor allem, wenn man es wirklich ernsthaft meint, im Bereich des Religiösen! (Archiv Uni Vechta)

Die Stellungnahme ist eine Paraphrase von Thesen aus dem genannten Buch *In der Bewährung* des Schweizer Kulturphilosophen Jean Gebser, das 1962 erschienen war und auf das ihn möglicherweise Reinhard Goldstein aufmerksam machte. Gebser kritisierte zunächst das fortschrittsorientierte, auf Mess- und Machbarkeit angelegte Denken seit der Renaissance (Gebser 14) und konfrontierte es mit christlichen Grundgedanken. Auf der Suche nach echter Freiheit, wahrer Gegenwart, wirklicher Existenz postulierte er eine Abkehr von der Ich-Orientierung und die Überwindung der Zeit (Gebser 79, 61), wobei gerade wahres christliches Denken helfen könne. Und in dieser Perspektive breche das neue Zeitalter an:

> Dieses neue Zeitalter ist eine Überwindung der vergehenden rationalen Epoche, die zudem stark antireligiös gefärbt war, und es ist zugleich die Gegenströmung zu dem unchristlichen Nihilismus unserer Tage. [...] Das neue Zeitalter, die neue Wirklichkeit werden sich voraussichtlich auch durch eine religiöse Steigerung zutiefst christlicher Art auszeichnen. Ihre Religiosität wird dabei aber weniger gefühlsbetont sein; es wird eine einsichtige Religiosität sein, der jene großen Inhalte transparenter Art des Evangeliums wahrnehmbar werden wird, welche bei der heutigen noch vorwiegend mental-rationalen Betrachtungs- und Interpretationsweise dem bloßen Vorstellungvermögen überhaupt noch nicht sichtbar werden konnten. (Gebser 65)

Nicht das Ende der Religion, sondern ihre allererst noch anbrechende Zukunft hat Gebser im Blick, und er vertraut auf eine »einsichtige Religiosität«, die eine »immer gegenwärtige, evidente und bewußte Bindung zum gottheitlich Ganzen sein könnte« (Gebser 66). Es ist diese zukunftsoffene, nicht mehr kirchlich gebundene, auf die Unzerstörbarkeit des Lebens und einen schöpferischen (menschlichen) Geist vertrauende Religiosität, auf die sich auch Brinkmann verständigen kann. Und bei Gebser findet er eine kulturkritische Perspektive, die ihm zusagt. Es sind diese gleichermaßen vor Fehlentwicklungen der modernen Persönlichkeit einer zu Ende gehenden Epoche warnende Haltung wie auch das grundsätzliche Vertrauen auf die noch nicht ausgeschöpften geistigen Potentiale, die ihn faszinieren. Es ist der bewusstseinsgeschichtliche Ansatz bei Gebser, der eben diese dynamische Beschreibung aktueller Tendenzen erlaubt, durchaus unter Einschluss der religiösen Anteile des Bewusstseins. Weder ichbezogen, noch ichlos dürfe der Mensch sein, sondern er solle ichfrei werden, um alle defizienten Ausprägungen und Abhängigkeiten zu überwinden (Gebser 112–118). Da wirft der Briefschreiber nur noch ein Beckett-Zitat ein, es steht am Ende des fünften Kapitels im Roman *Murphy*, das den pathologischen Zustand der Wahrnehmung in einer Lage der totalen Abwesenheit Gottes witzig thematisiert.

Der Goldstein-Brief von 1963 gehört in eine Reihe mit Philosophemen der Intensität, der Steigerung des Bewusstseins, der Selbsterfahrung, die sich nach Brinkmann eben nicht umstandslos in die tradierten Konfessionen integrieren lassen. Solche Philosopheme der Intensität, des Selbstgefühls begegnen ihm in der eigenen Zeit allenthalben. Wenig später wieder in der amerikanischen Popkultur. Alle Prägungen und Denkmuster durchbrechen – den Gedanken findet er dann bei William S. Burroughs: »ein Loch in der Zeit finden« (FW 241), und dieser Gedanke ähnelt jenem der »Freiheit von Raum und Zeit« beim Schweizer Kulturphilosophen (Gebser 23). Immer dreht sich die Suche um Befreiung, zuallererst »physiologische Befreiung … Warum hier haltmachen? Warum irgendwo haltmachen?« (FW 241), die den Weg in eine ganz unerprobte Spiritualität ebnen soll.

Erweiterung und Sensibilität sind nur andere Wörter für die Ergänzung des menschlichen Strebens um das Unbedingte. Jeder Moment des Lebens soll frei werden von

Bestimmungen, vom Festgelegten oder bloß Nachvollzogenen, und absolut bedeutsam. Und zwar im Überwinden der Entfremdung des Menschen von seinem wahren Wesen, vom Wesen der echten Zeit: »Jede Innerlichkeit, Dynamik, Energie, Spannung, ja selbst jede Bewegung und Motorik ist eine Intensität.« (Gebser 20) Bewusst gemachte Zeit ist beherrschte Zeit. Verfügen können über unterschiedliche Zeitformen ist wahrhafte Befreiung, »immer gegenwärtige Ursprungsnähe« (Gebser 123). Solches Denken, das sich selber angenommen hat, wie Brinkmann im Goldstein-Brief formuliert, fordert den Einbezug aller in der Geschichte des Bewusstseins erreichten Standpunkte, es verlangt die Reflexion menschlicher Möglichkeiten im Hinblick auf eine gesteigerte Selbsterfahrung, im Hinblick auf Erfahrungen der Selbsttranszendenz (Otto 278 und 279). Solche Suche nach Energiefeldern, nach einer Lebensenergie, die über die bloße Kreatürlichkeit hinausweist, zieht immer ins Spirituelle. Dort liegt das Kraftfeld, in dem unser Leben steht und das ein Leben ausmacht. Dort vermutet Brinkmann die Grenzen, die sich zum Überschreiten eignen, und dort will er die Orte ausfindig machen, an denen das gelingen kann. Eben weil Religiöses und Profanes hier untrennbar ineinandergehen. Religion haben heißt in diesem Verständnis von Schleiermacher bis Tillich, jederzeit nach dem Unbedingten zu streben.

Die Nervenorgel

Aus dem Unbehagen über den modernen Lebensstil resultierte bei Brinkmann keinesfalls die Verweigerung (nur die in Bezug auf ein geordnetes Berufsleben), sondern die Wertschätzung anderer weltanschaulicher Aspekte. Leben als absolut gesetzter Wert genügte ihm. Aber auch darin liegt wieder ein unausgesprochener, vielleicht unbewusster Bezug zur Tradition, wenn nicht sein religiöser Impetus. Die Sehnsucht danach, bloß zu »sein«, nicht zu »haben«, ist immer wieder berufen worden, lange vor der Konsumkritik in kapitalistischen Gesellschaftsordnungen. Die Lebensphilosophie um 1900 war mit demselben Schlagwort aufgetreten. Glück, Lust und Vergnügen, eine erfüllte Tätigkeit jenseits von Leistung, Konsum und Verdienst gehören zu den ältesten Hoffnungen der Menschheit, in jeweils anderer Umgebung in veränderter Weise geäußert. Sowie Brinkmann nur witterte, dass eine neue Bewegung in Geschäft ausartete, distanzierte er sich davon (Hollstein zeigt es am Beispiel der Popmusik, 79).

Brinkmann ist in diesen Fragen ein Kind der Moderne. Sein Beharren auf der individuellen Autonomie, seine private Lebensphilosophie, bedingen Religiosität, ohne (noch) eine bestimmte Religion zu praktizieren. Wir haben es mit Religiosität im Sinne der subjektiven Aneignung von Religion zu tun (Riesebrodt 12, 115). Er sucht singuläre Formen des Ausdrucks für sein Empfinden und fahndet nach Unterstützung dafür vornehmlich in der Wissenschaft und in der Kunst. Er radikalisiert die Gottesfrage ganz aus dem persönlichen Standpunkt heraus:

> Was soll alles das Gerede um Seele, Geist, irgendwelche Spirituellen Ereignisse, womit man mich jahrelang vollgestopft hat auf die primitivste Art und Weise, und das ist die allgemeine humane Wusel-Art und Weise. / Nennt sich auch Abendländisches Bewußtsein von den Dingen der Welt, ich hatte endlich die Nase davon voll / all das hielt mich immer aus meinem eigenen Körperraum heraus / entfernte mich / von mir selber / [...] Und darum geht es, wenn ich Raum meine. // Wer sitzt an den Kontrollstellen?? (Erk 140)

Anthropologische Ansätze und Theorien beschäftigen ihn seit Mitte der 60er Jahre, dort sucht er zeitgemäße Antworten, die ihm aber auch nicht genügen, weil sie nicht weit genug gehen, weil sie seine persönlichen Fragen nicht beantworten. Eine Rückkehr in den Schoß der Kirche ist ausgeschlossen, denn »Die in den Körpern hockenden Priester treiben zu letzten Ich-Verstümmelungen an.« (Erk 52).

Gleichwohl: Der Zwang zur Klärung der drängenden Frage provoziert bei ausbleibenden befriedigenden Antworten einige Haltungen, die auch bei Religiösen unmittelbar vor ihrer Erweckung auftreten: Kränkung, Hilflosigkeit, Melancholie, Sarkasmus, kurz, alle Begleitumstände, die man den kranken Seelen seit Jahrhunderten zugeschrieben hat (James 152ff., Taylor 33ff.). Ein wenig kann man sich auch bei Brinkmann des Gedankens nicht erwehren, dass er seine radikale Kritik an der modernen Lebenswelt methodisch so lange vergrößert, bis ihm überall am Himmel keine Sonne mehr scheinen mag, frei nach den Verhältnissen in Samuel Becketts Literatur.

Aus einem Science-Fiction-Roman paraphrasiert Brinkmann eine Stelle, die ihn so tief beeindruckt hat, dass er sie zu einem Indiz für den eigenen Zustand erhebt, weil er an ihr die Musik seiner Zeit erkennt. Der Text wurde 1972 unter dem bezeichnenden Titel *To a world filled with compromise, we make no contribution* in der von Alfred Kolleritsch herausgebrachten österreichischen Zeitschrift *Manuskripte* veröffentlicht, die damals zu den bedeutendsten Blättern der Gegenwartsliteratur zählte:

> Eine feiste, fette Frau saß an einem elektronischen Instrument, und ihre fetten Oberarme wellten sich, während sie auf die Tasten der Nerven-Orgel schlug. Sie spielte nicht wirklich, sondern machte nur jeden Zuhörer glauben, daß sie es tat. Man trifft sie überall wieder, in

> jedem dämmerigen Laden, wo sie das Instrument spielt. Etwas fängt im Kopf zu kribbeln an [...] Die Schwingungen der Töne dieser Nervenorgel sind exakt auf den Rhythmus des Nervensystems eingestellt, so daß exakt jede gewünschte Emotion hervorgerufen werden kann. Mit ein bißchen mehr Geschicklichkeit, wäre sogar von ihr das motorische Nervensystem zu kontrollieren und sie könnte die Zuhörer veranlassen, aufzustehen [...] Wie ein Sprichwort lautet: Gott mag Ihnen Ihre Sünden vergeben, Ihr Nervensystem wird es nicht. (Erk 54f., FW 132f.)

Das Unbehagen am Geräusch der Welt sitzt tief. Und es bleibt für immer unbefriedigend. Die Reize der Außenwelt treffen auf ein verstimmtes Ich, das sich nicht mit ihnen einlassen kann. Wo auch immer Brinkmann nachhakt, trifft er auf diese psychophysischen Beschädigungen. Sie sind »Verstümmelungen«, wie er sie vereinfachend nennt. Die Welt greift das Innerste des Menschen an mit zerstörerischer Kraft. Die Diagnose bleibt gleich, die Gründe bleiben im Dunkeln:

> Bewusstsein: IMMER geschunden, verkrüppelt, beschnitten, verboten, ritualisiert, schließlich verseucht von Familien, Vater, Mutter, ganzen Generationen, von Staatsformen, Gesellschaftsformen, Handelsformen, von Religion, Priestern die murmeln und Mehlplättchen hochhalten, von Schule in Wort und Bild – grauenhaft! (Erk 58)

Aber bei seinem Postulat einer Erweiterung geht es wesentlich um Abwendung vom bloßen Dahinleben, geht es eben gerade um Abkehr von der Selbstzufriedenheit, letztlich um den entschlossenen Bruch mit einer zugefallenen Einstellung. Die Unerbittlichkeit in solchen Äußerungen trägt denn doch auch Züge einer Bekehrung. Welche äußeren und psychischen Gründe genau dafür verantwortlich sind, bleibt Spekulation, sicher aber können wir wenigstens zwei persönlich einschneidende Ereignisse namhaft machen. Die Todesangst und die geistige Behinderung des Sohnes.

Schmutzige und tödliche Moderne

Die Behauptung, das heutige Leben bestehe aus einer ununterbrochenen Folge von Schrecknissen, Katastrophen und Untergängen gehört zum Grundbestand einer konservativen Kritik an der Moderne. Auch die Unterstellung, wir hätten uns nach und nach daran gewöhnt, fällt meist im selben Atemzug. Die permanente Gegenwärtigkeit des anonymen Sterbens in den Medien provoziert den Wunsch nach Distanz. Ein Mittel dazu ist die Verweigerung des Abbildens durch Vergrößerung des Absurden in der Kunst. Autobiographische Übertreibungen begegnen uns auch in den Texten Brinkmanns auf Schritt und Tritt. Sobald er über seine ureigenen Ängste spricht, verfällt er gerne in den Ton der Apokalypse. Seine Angst vor Autos, vor Krebs durch Rauchen, die Erinnerung an den Krebstod der Mutter, die Furcht vor einem gleichwohl leidenschaftlich geführten selbstzerstörerischen Lebensstil überhaupt mündet in wiederholte, bemühte und sattsam bekannte Formeln. Das »Angst- und Todesuniversum« (Erk 287), die »Auszehrung des Abendlandes« (RB 164), die »furchtbare Angst, ich habe so sehr Angst, daß ich sogar Angst habe vor meiner eigenen furchtbaren Angst zuweilen« (RB 176), das »neue alte Klima der Bedrückung« nach dem Kriege (RB 356) im »Todesterritorium Westdeutschland« (Ww 62), all das trägt er im Ton höchster Erregung vor, aber alles versehen mit dem unterschwelligen Plus einer höheren Erregbarkeit, ja einer diagnostischen Weitsicht, die anderen Zeitgenossen schließlich abgehe.

In der künstlerischen Umsetzung des Themas stehen folglich Fotos von Unfällen zeichenhaft für das Übel der Moderne, in ihnen konzentriert sich die Kritik an den Zuständen. Wer wissen will, wie unser Leben aussieht, braucht nur die Berichte in den Medien zu lesen. Aber wir werden damit auch fortwährend bombardiert. Wir stumpfen ab. Das stört Brinkmann. Ein Vorbild für die nach 1969 beginnenden Tagebuchaufzeichnungen über Katastrophen ist Andy Warhol. Besonders sein in Zeitschriften schnell verbreiteter Bilder-Zyklus *Death and Disaster* (1962/63). Warhol arbeitete mit Fotos von Unfällen aus Zeitungen oder Illustrierten. Der Künstler beschäftigte sich auch damit, weil ihm auffiel, dass die Wirkung der Fotos nachließ, je häufiger sie gedruckt wurden. Mit seiner Bearbeitung der Gegenstände sollte ein unverbrauchter Effekt entstehen. Brinkmann zitiert die englische Schreibweise von Desaster nach Warhol, wenn er in seinen eigenen Erinnerungen an die Kriegszeit schreibt, er sei »haarscharf am Disaster und Tod vorbei« geschrammt (Erk 233), und er versieht solche Texte grundsätzlich mit einer Medienschelte: »Zeitungen, Berichte in Wort und Bild: sind Todes, Angst, Sex-Silos!« (Erk 231) Seine gesamte Collage-Tätigkeit der späten 60er Jahre steht unter dem mächtigen Einfluss von Warhol. Zeitungen verbreiten »den alltäglichen schmutzigen Albtraum«, sie sind »blödester Surrealismus« (Erk 231), aus ihnen »sprechen Todesstimmen, da werden Todesbilder produziert und jeden Tag wieder ausgespuckt« (Erk 231). Die Gleichgültigkeit, mit der wir diesen Vorfällen begegnen, steht auch für Brinkmann zur Debatte. Warhols *Death and Disaster*-Bilder zeigen nicht nur die Kehrseite einer Zeit des unverbrüchlichen Optimismus und Fortschrittsglaubens, sie stellen auch eine permanente Unterströmung zu seiner Oberflächen-Ästhetik dar. Es mag ironisch gemeint sein, aber im Anhang zu *Acid* lautet der Personeneintrag: »Warhol ist katholisch und geht, laut Auskunft seiner Mutter [...] jeden Sonntag zur Messe.« (Acid 414) Offensichtlich war der Hinweis nötig. Über die ständige Präsenz des Todes in seinen Bildern und ihre religiösen Deutungen wird noch zu sprechen sein (Ullrich 67). Wie der streng orthodox erzogene Warhol sammelt Brinkmann Bilder von Katastrophen, Unfällen, Abstürzen, Todesszenen und immer wieder die »Car Crashes« als Zeugnisse des fatalen automobilen Sterbens. Nicht ahnend, was es ihm Unheilvolles bedeuten sollte.

Aber neben die tödlichen Wirkungen der Moderne treten ihre positiven Züge. Sie stellt sich auch Brinkmann gegenüber immer ambivalent dar. Er wappnet sich schon als Schüler gegen die genannten Zumutungen mit einem Befreiungspathos, das seinesgleichen sucht. Seit dieser Zeit steht er unter dem starken Eindruck des Existentialismus. Der erschien ihm damals schon als neuer Weg neben dem Katholizismus, als Ersatz und Chance für die Beseitigung alles Beengenden (Fauser 2018, 37–43). Der Humanismus dieser Philosophie war noch am ehesten mit dem Katholizismus verträglich. Vielen schien damals eine Aussöhnung zwischen der überkommenen christlichen Religion und den Lehren des Existentialismus möglich. Auch christliche Theologen beschäftigten sich damit. Brinkmann hat derartige Ansätze bei den Vorbereitungen zu seinen Vorträgen in der »Rhetorica Vechtensis« kennen gelernt. Die Beschaffung von Literatur zu solchen Themen führte im Oldenburger Land fast zwangsläufig auf Werke von christlichen Autoren. Die Lehren Sartres wie die Maxime, jeder Mensch sei nicht mehr als das, was er aus sich mache, ließ sich besonders gut gegen eine katholische Sozialmoral in Anschlag bringen. Die radikalen Varianten leugneten die Existenz eines Schöpfers und vor allem das Weiterleben nach dem Tode. Der heroische Humanismus eines Jean-Paul Sartre und Albert Camus war gerade für Jugendliche von großer Attraktivität, insofern er sich kritisch gegen die Untätigkeit der Eltern wenden ließ (Farin 21).

Als nur ein Jahrzehnt später dokumentierte Fortführung des Themas lohnt sich die Lektüre in der *Acid*-Anthologie von 1969. Sie zeigt, wie sich die Suche nach der neuen Erlebnisweise sehr gut damit verbinden ließ. Der Artikel von Michael McClure *Revolte* zitiert ohne es eigens zu nennen das Buch von Albert Camus: »Der Mensch der Revolte steht prinzipiell außerhalb« (Acid 222) und feiert »die Lebensweise der ständigen Revolte« mit einem bis in die »Gottheit Erotik« ausgedehnten Liebesbegriff (Acid 220), der klar metaphysische Züge hat: »jede Energie ist erotisch. Ohne Energie sind Körper und Seele tot.« (Acid 219) Auch hier begegnet dem Leser das Befreiungspathos in der Suche nach Wegen einer erweiterten Sensibilität, in diesem Fall beim freien Sex. Und das Pathos ist ein schöner Beleg für das Doppelgesicht der Moderne. Einerseits wähnt man sich gefangen in einer tödlichen Welt, andererseits vertraut man auf die innerweltliche Erlösung durch Steigerung menschlicher Möglichkeiten. Es hat den Anschein, als sei auch das irgendwie machbar.

Schicksalsschlag: Erschrecken

Doch die Beschädigungen und Verstümmelungen haben für Brinkmann seit 1969 einen zusätzlichen und ganz realen Grund. Der private Schicksalsschlag hatte sich bei der Geburt des Sohnes Robert im November 1964 angekündigt und war nunmehr, nur fünf Jahre später, Gewissheit geworden. Denn jetzt wird der irreparable, durch die Geburt verursachte Hirnschaden diagnostiziert, mit unausweichlichen Folgen für Brinkmann selbst, wie er aus der Distanz zugibt. Er befindet sich am Heiligabend 1972 während seines römischen Stipendienaufenthalts nicht etwa in der Villa Massimo oder zuhause, sondern im Bergdorf Olevano, wohin er sich am liebsten zurückzieht, und hält dort alle Gedanken fest, die ihm durch den Kopf gehen:

> Der erschreckende und bestürzende, nicht wegzudenkende und wegzuredende Stoß durch Roberts Gehirnschädigung – und wie er an Hand- und Fußgelenken im Krankenhaus gefesselt im Bett lag, wie ein Käfig über sein Bett gestülpt wurde wegen dieser miesen, mittelmäßigen, hundsföttischen Krankenhausgehilfinnen, ihrer kruden, mechanischen Art, ihrer Trockenheit, ihrer automatenhaften beschränkten Kenntnisse – aber sie können ja immer wieder den humanen Trick herausziehen aus ihrer Klamottenkiste, der ja auch stimmt [...] und dann in dem Krankenhaus wedelten sie abends mit Leitungswasser durchs Zimmer, wo Du Robert geboren warst, anstatt mehr zu wissen und bessere Augen zu haben und enorm vorsichtig und gespürsam zu sein. Da haben sie lieber Leitungswasser durchs Zimmer gesprengt, über das irgendwo ein Kerl, der nicht einmal einen Anzug richtig trägt, der nicht einmal irgendetwas Genaues weiß außer Wortspielereien und Verwirrtricks und unsinnige Mythen, irgendso lateinische Brocken gemurmelt hat – mich schüttelt wahnsinnige, rasende Wut und ein irrwitziger Haß denke ich daran.
>
> Das sind nur zwei Eindrücke, die mit R's Leben zu tun hatten, zwei Umweltsituationen – mit einer Brechstange reinschlagen müßte ich in diese Visagen [...] ich verfluche diese Fetzen von Menschen [...] (RB 387)

Über mehrere Seiten hinweg setzt er diesen Ausbruch ungebremst fort, er rekapituliert die gesamte bedrückende Kölner Situation, »und dann die Abende spät in der verwahrlosten düsteren Wohnung« (RB 387), die neue Lage gegenüber den Freunden, »nicht zeigen, wie gräßlich der Schlag ist, wie hilflos man davor steht« (RB 388), die Probleme für die Ehe, die nun immer bedrohlicher werden – all das drängt in der Abgeschiedenheit des italienischen Bergdorfs nach oben. Immer wieder das Bekenntnis der einschneidenden Erfahrung, »ich habe mich dagegen gewehrt, dagegen getobt« (RB 388), bis es ein Jahr später, 1970, zum totalen Zusammenbruch kommt. Er vernichtet alles in seinem Zimmer, hört keine Musik mehr, sieht keine Filme mehr, zieht sich von den Freunden zurück, »jetzt war das Zimmer, in dem ich saß, leer« (RB 389). Dort erlebt er »gräßliche deprimierende haßvolle Stunden«, er sieht sich selber noch einmal »leer und hohl auf dem kleinen Stühlchen neben dem Schrank in der Küche« (RB 389), als Robert auf ihn zukommt und er vor dem Sohn in einen Weinkrampf ausbricht.

Der Schock geht über in Depression und Ressentiment, Brinkmanns zuvor schon beobachtbare Radikalität nimmt nun erst eine Bitterkeit an, die man anders kaum erklären kann. Gleichzeitig zappelt er im Netz der Vorurteile, der selbst auferlegten Beschränkungen, der wild und grundlos ausgeteilten Beleidigungen, aus denen er keinen Ausgang findet. Das unerbittlich Destruktive zahlloser Äußerungen des Autors mutet an wie ein hilfloser Befreiungsversuch, von dem sein Mentor Dieter Wellershoff in einem Artikel der Zeitschrift *Akzente* 1976 gesprochen hatte. Und im Interview erklärte sein Lektor diesen »Mechanismus« genauer. War erst alles kaputt geschlagen, dann gab es den Moment der Befreiung von allen Zwängen. Nur in dieser Verneinung der festgefügten Welt kann er atmen, nur dann kann er schreiben. Er braucht den Akt der Überschreitung, die totale Negation. Wenn ein Schriftsteller, der ohnehin ein großes Problem damit hat, in der Welt zu sein, nicht schreibt oder schreiben kann, so Wellershoff, bricht sich die depressive Grundstruktur Bahn (Geduldig 86, 122). Wellershoffs These von der *Destruktion als Befreiungsversuch* zielt auf eine Erklärung für das Movens der Arbeit bei Brinkmann und lässt sich zusätzlich belegen mit seiner nach dem Schicksalsschlag einsetzenden intensiven Beschäftigung mit wissenschaftlicher Literatur. Die Diagnose der Hirnschädigung des Sohnes taucht dann vermehrt in poetologischen Artikeln auf (FW 240) und führt zu zahllosen Zitaten aus fachwissenschaftlichen Texten. Die Ergebnisse aus der neurophysiologischen Literatur zum Thema Großhirnrinde und Sprachstörung überformt er dann allerdings mit allgemeinen kulturkritischen Scheltreden, die zu hysterischen, höchstens individuell nachvollziehbaren Lageerklärungen führen.

Gleichwohl weist Wellershoff in die richtige Richtung. Brinkmanns Kunst geht auf die Zerstörung der Zerstörung aus. Ihr negativer Ansatz verfolgt ein gegenteiliges Ziel, die Wiederherstellung des Staunens über das Verschwinden des Positiven und die Unmöglichkeit, es wiederzuerlangen. Das kleine Gedicht *Selbstbildnis im Supermarkt für Dieter Wellershoff* aus dem Gedichtband *Die Piloten* von 1968 hält den Moment einer völlig überraschenden Selbstbegegnung fest. Das Ich kommt sich beim Blick in die Fensterscheibe des Supermarktes entgegen »wie ich bin« (St 204):

> Der Schlag, der trifft, ist
> nicht der erwartete Schlag
> aber der Schlag trifft mich
>
> trotzdem. Und ich geh weiter (St 204)

Hier ereignet sich ein Umschlag. Das Gedicht erklärt nichts, es spricht bloß von einem weit größeren »Schlag« als er im Selbstporträt liegen mag. Es musste ein Moment innerer Hilflosigkeit oder eine gewaltige Selbstentfremdung gewesen sein, die für das Ich zu spüren waren. Denn das Ich steht nun plötzlich »vor einer kahlen Wand« und sieht sich in der verblüffenden Lage, dass es »nicht weiter // weiß« (St 204). Der Dreischritt von plötzlichem Erschrecken, deprimierender Selbstwahrnehmung und anschließender totaler Hilflosigkeit, die in völlige Leere mündet, vollführt eine Technik, die in vielen Texten Brinkmanns wiederkehrt. Sie lesen sich so, als gebe es nur eine Fortbewegung, als würde das dargestellte Ich immer nur von einem Schlag zum nächsten taumeln.

Das Unbehagen an der Moderne erfährt Brinkmann ganz persönlich: Im Krankenhaus können die Ärzte und Schwestern seinem neugeborenen Sohn nicht helfen. Sie können die unheilbare Schädigung bei der Geburt nicht abwenden. Unerwartet bricht in sein Dasein ein Schicksal ein, das er mit seinem Vertrauen auf die Beherrschbarkeit des Lebens längst gebannt wähnte. Mit dem er nicht rechnete. Umso größer war die Erschütterung. Hier gab es keine Wahl mehr. Oder schlimmer: Was konnte Wählen in einer solchen Lage noch bedeuten? Wie damit fertigwerden? Die Wende der Existenz führt ihn an den Rand der Verzweiflung. Brinkmann findet aus dem Übel keinen Ausweg. In der Krise wählt er die Umkehr und befolgt insoweit religiöse Verhaltensweisen. Die einzig sinnvolle Reaktion scheint ihm die Abwendung von der Literatur, wenigstens zeitweise. Was ihn weitermachen ließ, bleibt rätselhaft.

Von daher mag sich das Nachdenken über den eigenen Lebensweg als fortgesetzte Bewegung durch eine »Hölle« erklären: »Was ich seit 1968 gemacht habe? Könnte man als Feldstudien bezeichnen. Lebte in der Hölle« (Erk 264). Er greift zu den schlimmsten Vokabeln, sein ganzes Leben erscheint ihm ganz in katholischer Sicht von früh an geprägt durch »Sünde, Tod, Verdammnis, Marter« (Erk 265). Fortan deutet er alles auf menschliche Grundsituationen hin, nimmt er jeden Zweifel als Wink für eine existentielle Frage und bohrt er in der Wunde der Einsamkeit. Und es trifft zu. Was der Theologe Hölle nennt, erfährt Brinkmann als eigentliche Ausgesetztheit, als eine eigentümliche Art von Einsamkeit, mit der er sein familiäres Schicksal vergleicht.

Dass im Grunde jede Begegnung zwischen Menschen an der Oberfläche bleibt, dass kein Mensch zu der Tiefe eines Anderen Zutritt hat, ist Gemeingut moderner Philosophie. Jede Begegnung betäubt nur diese unheilbare Wunde, das existentielle »Alleinsein« (Ww 183). Davon handelt auch das Schlussgedicht im letzten Gedichtband von 1975 unter der Überschrift *Dieses Gedicht hat keinen Titel.* Das Langgedicht in 47 Strophen durchzieht eine Ich-Sie-Antithese, die den fundamentalen Gegenpart von Individuum und »Sie alle« dramatisch betont. Ganz gleich, welche Anstrengungen das Ich unternimmt, heraus kommt immer die Einsicht »Doch ich schaff's nicht« (Ww 179). Im Zentrum, in der Strophe 22, steht dann:

> Im Innern des Zimmers // bin ich nackt und entzückt. Keiner ist verloren. / Aber jeder ist ein wenig stumm wie eine Nummer im / Telefonbuch. Sind die Nummern, alphabetisch geordnet, / nicht wie ein endloser Blues? (Ww 181)

Nachdem das Ich strophenlang mit sich gehadert hat, sucht es sich selber zu entkommen im »Blues« des Gewöhnlichen, des Banalen – und dieser »Song« geht dann weitere zwölf Strophen, bis zum großen Einspruch: »aber ich schlendere meine eigenen Wege« (Ww 183). Sie münden in den Gesang vom »Alleinsein«. Drei Mal erhält die hymnische Beschwörung des Alleinseins das sarkastische Attribut »lächerlich«, zuletzt: »Alleinsein ist lächerlich wie / ein Vergleich.« (Ww 184) Die abschließende Frage, die das Gedicht auch am Anfang stellte, zeigt die Unentrinnbarkeit des Übels. Es wird so weitergehen: »Was tue ich Montag.« (Ww 184) Das ist der letzte Satz.

Das Gedicht ist der Gesang von der grundlegenden Verlassenheit des Menschen, der Gesang von der Vereinzelung und der Urwahl, der »choix originel«, die Sartre am Beispiel des Charles Baudelaire erklärt hatte. Es ist die Wunde der Einsamkeit, die durch die eigene Entscheidung entsteht; jene Entscheidung, die mit der Enthüllung der eigenen Individualität einhergeht (Sartre 1953, 15). Die Empfindung, ein Anderer geworden zu sein, ermöglicht das Gefühl der Einzigartigkeit, erlaubt den äußersten Genuss – »bis zum Entsetzen« (Sartre 1953, 15). Wir vernehmen in Brinkmanns Gesang vom Alleinsein den unbedingten Aufstand gegen die Verzweiflung, die gerade aus der bewussten Wahl der Individualität entspringt und zugleich mit ihr auftritt. Der Gesang steht in jener Grundtonart, die immer erklingt, wenn er die Grundsituation des Schwebens zwischen Himmel und Hölle einkreist. Aber hat man nicht gesehen, dass der Text in seiner endlosen Reihung von Vergleichen die Struktur einer Hymne hat?

Auf eigenartige Weise kontrastiert das Dargestellte im Gedicht mit seiner Form. Die schier endlose Anrufung mit den langen Reihen von Assoziationen im Konjunktiv über das, was das Ich alles sein müsste, bis hin zur letzten Bestimmtheit im Irrealis, »Ich müßte explodieren« (Ww 183), liest sich wie ein einziges negatives Preislied auf den nicht und niemals zu bewältigenden Alltag. Hin und her gerissen zwischen Gott und Satan schwankt das Ich bei Brinkmann zwischen zwei entgegengesetzten Mächten. Im Grunde zielen beide auf die Vernichtung des Menschlichen hin. Der Zerrissenheit des Geistes entspricht das prinzipielle Unbefriedigtsein des modernen sensiblen Menschen, der sich die ganze Tiefe seiner Verlassenheit nur selber geben kann, weil er unter allen Umständen auf sich selbst stehen will (Sartre 1953, 78).

Aber der Satz »Keiner ist verloren« (Ww 181) im Zentrum sticht dann umso mehr hervor. Er passt nicht zu dem Rest des Gedichtes, zu seinem Grundgedanken. Er hebt die eigentümliche Unruhe aus der Verzweiflung in eine Gewissheit, die überraschend wirkt. So als existiere eine unhinterfragte Sicherheit, so als könne sich das Ich auf ein spirituelles Grundvertrauen berufen, ganz so, als existiere im Hintergrund eben doch ein Halt, den der Text ja Strophe um Strophe negiert, den er zu widerlegen sucht. Woher kommt ein solcher Satz in einem Gedicht, in dem man ihn niemals suchen würde? Er stammt aus der Bibel. Im sogenannten Hohepriesterlichen Gebet unmittelbar vor der Passion in der Verklärungsrede Jesu (Johannes 17, 12) heißt es, keiner sei verloren, nur der dafür Bestimmte, damit sich die Schrift erfülle. Mag es sich auch bloß um eine Reminiszenz handeln, der Leser bleibt daran hängen. Im Kontext der Bibel ist das eine Fürbitte Jesu für seine Jünger. Im Gedicht, wir erinnern uns, sagt der Sprecher, er sei »nackt und entzückt«. Und außerdem dehnt das Gedicht den Begriff »Blues« auf nahezu jede einfache Handlung aus wie Händeschütteln oder ein Kinoprogramm. Demnach wäre der Gesang vom Alleinsein nicht ein traditioneller Hymnus, sondern eben seine modernisierte Version als Blues, der sich aber in seiner Erfahrungsstruktur gar nicht grundsätzlich vom Hymnus unterscheidet. Wenn Spiritualität ihrem Wesen nach immer Suche ist (Treml 127) und die Erlebnisweise einen Sensibilisierten auch im noch so Banalen das Transzendente erfahren lässt, dann kreist das Langgedicht um eben diese Ahnung, die aus einer religiösen Anlage entspringt. Spiritualität spürt der Text im ganz Gewöhnlichen auf, weil sie eine grundsätzlich menschliche Dimension ist. Wir erfahren sie in der unabschließbaren Suche, die uns alle antreibt (Treml 128). So verstanden wäre das den Gedichtband *Westwärts 1&2* beschließende Gedicht von einem spirituellen Unterton getragen.

Friedhofsgänge in die Welt

Wenn Brinkmann sein eigenes Leben Revue passieren lässt, entsteht beim Lesen durchgängig der Eindruck, es habe ausschließlich aus Opfergängen bestanden. Nirgends fühlt er sich ganz wohl, oder er sagt es nicht. Die Beschreibungen der Weltzustände, wie sie sich ihm darstellen, folgen einem Muster, das er in den späten 60er Jahren entwirft und in seine Jugend zurückprojiziert. Vechta erscheint als Erinnerung: »Vechta! Eine Fiktion!« (Erk 246), so lautet das Motto, unter dem die Betrachtungen stehen. Man sollte es ernst nehmen. Das Bild, das er entwirft, mit all seinen hässlichen Seiten, den Ausfällen gegen die Eltern und Mitmenschen, trägt nicht nur den Charakter einer Abrechnung, mit der er »das Muster, das mich erledigen wollte!« (Erk 246) bekämpft, sondern gibt auch zu erkennen, dass sein Autor über die subjektiv verzerrte Sicht auf diese Vergangenheit Bescheid wusste. Der starke Wunsch nach Abgrenzung, nach dem Loswerden dieser Vergangenheit, die eben doch nicht vergehen sollte, spricht aus allen Seiten der Erinnerungstexte. Sie verdecken aber nicht, dass diese Sicht durch das Brennglas der späteren, kritischen Erkenntnis geschicht. Ablehnung und Distanzierung von der Elterngeneration folgen dem Denken im Zeitalter der Revolte.

In diesem vergifteten Blick wirkt die ganze beschriebene Welt irgendwie unzulänglich, nicht richtig belebt und letztlich tot. Auf inakzeptable Weise schön gemacht, geschminkt wie eine Leiche. Seine Weltgänge ähneln Gängen über einen Friedhof, bei denen der Spaziergänger tief in die geöffneten Gräber hinabblickt und voraussieht, was kommen muss. Von früh an kultiviert er seine »Allergie gegen den Zwang, gegen jede Art Zwang, die soweit geht, daß ich nur noch den Zwang sehe« (Erk 308), und der äußert sich bereits beim Kirchenbesuch, mit dem die Schulwoche jeden Montagmorgen begann, man rückte geschlossen in der Klassenformation in die Kirche ein:

> Schule: Das graue Gefühl am Montagmorgen, vor der Schulmesse und während der Schulmesse, in der endlos ein Schulchor lateinische Gesänge herunterdrückte vom staubigen, braun-grauen eichenen Orgelboden, und man kannte schon die Woche im voraus, die Schreck-Stunden, immer wieder […]. (Erk 309)

Bei einem Requiem im Winter war ihm »entsetzlich kalt«, und einmal wurde ihm »in der hölzernen, geschnitzten Kirchenbank schwindelig, ich kriegte ein Kotzgefühl bei dem Singsang vor dem Katafalk vorne, ich kippte vornüber, ich verlor das Bewußtsein« (Erk 223). Die umfassende, am katholischen Kirchenkalender ausgerichtete Gestaltung des Alltags, einschließlich der regelmäßigen »Friedhofsgänge« (Erk 191 f.) an Feiertagen stört ihn mächtig. Einmal im Jahr führte ein Jesuitenpater in der Schule innere Mission durch, indem er mit der Hölle drohte. Man las die Schriften von Romano Guardini (Geduldig 51).

Die einmal bevorzugte Perspektive hält er durch. Brinkmann registriert aufmerksam und konstatiert gnadenlos Widersprüche. Der breite Raum, den ihre Darstellung einnimmt, lässt darauf schließen, dass ihn diese Fragen eben doch anziehen. Dabei fällt ihm auf, dass es im alltäglichen Leben »keine heiligen Orte« gibt (RB 249), »es gibt keinen Heiligen Bezirk im sogenannten Leben« (Erk 107). Aber er spricht auch mit Respekt von der Beerdigung seines Verlegers Johann Caspar Witsch. Brinkmann war bei der Beisetzung am 3. Mai 1967 dabei. Über der Steinpforte des Kölner Melatenfriedhofs steht »Sacer Locus«, er zitiert das Wort immer wieder (RB 249, Erk 107, 196), es hat ihn beeindruckt, weil es ihn herausfordert in seinem Aufstand gegen das vom Tod »besessene« Abendland (Erk 107, RB 249). Friedrich Nietzsche, so liest er bestätigend, führe das auf »den Mangel an Vorstellungen vom realen Leben« zurück (Erk 196).

In Rom finden sich die ausführlichsten Passagen zu diesem »Todesfetischismus des Menschen«, der sich wie »ein grauer, vorzeitlicher Schatten« (RB 249) über die Gegenwart gelegt habe. Er besichtigt die Katakomben und erinnert sich gleich wieder an Vechta:

> plötzlich, als ich einen grauen, porösen Kopfknochen sah, irgendeiner, fiel mir ein, daß wir 1952, 53 im Gebüsch an der Kirche zu Vechta, zwischen faulendem Laub, Fußball gespielt hatten mit einem derartigen Menschenknochen (fühlte ich da nicht 1 Grauen? Ich habe mitgemacht, ich wollte gern mitspielen mit anderen, es war 1 gute Gelegenheit: war es so?)/& ich erinnerte mich eines Schulausflugs in den Hümmling zu 1 Kloster, wo der Altar 1 gläserner Sarg war, man schaute auf 1 vertrocknete Leiche! & das sollte festlich sein, für Gottes-Feste! 1 unmenschliche Schweinerei ist es!) (RB 249)

Noch bei seiner eigenen Beerdigung pflegte man den Leichnam in einen Sarg mit Glasfenster am Kopf zu legen. In Rom schneidet er aus einem Prospekt die Beschreibung des Kapuzinerfriedhofs aus und fügt sie seinen Aufzeichnungen ein (RB 257). Überhaupt besichtigt er weit mehr Kirchen, als sein Hass erwarten lässt (RB 299–302): »Hier war die Brutstätte« (RB 242) aller Verbote durch Familie, Staat, Religion. Rom muss alleine deshalb vernichtende Kritik ertragen und der ganze Aufenthalt dort ist ihm schon deshalb vergällt. Ganz besonders der »Irrsinn der Unterdrückung der sexuellen Entspannung« mittels Kultur und Zivilisation sei ein uraltes Verhalten, das »äußerst geschickt die christliche Religion aufgegriffen, modifiziert, in eine sinnleere Mythe alla Kultur gebracht und in die Erziehung geträufelt« habe (RB 374).

Aber warum lebte Brinkmann dann nur in katholischen Städten? Von Vechta führte sein Weg über die katholische Münsterbuchhandlung in Essen (Erk 192) nach Köln, wo er sich an der Katholischen Akademie Reinland, später PH einschrieb, mit Zwischenstationen in Longkamp und Rom. Nicht nur Vechta charakterisiert er 1974 so: »Religion: katholisch verseuchte Bevölkerung« (BrH 112), Köln, »die Stadt der Buffkes«, kommt auch nicht besser weg mit ihrem »katholisch verseuchten Pack«, wie er an Piwitt am 22. Juli 1972 unmittelbar vor der Rom-Reise schreibt (Erk 340, 264), und Longkamp, wohin er sich für drei Wochen nach dem Zusammenbruch zurückzog, ist »stockkatholisch« (Erk 349, 281). Wie sollte man dort das Programm der Sensibilität umsetzen, die Sinne neu spielen lassen? (Erk 281) Dem stehen nur Austin in Texas und London – Inbegriff der Moderne – gegenüber, jeweils mit kurzen Aufenthalten. Städte, nach denen er sich sehnt, die er aber gleichfalls verachten lernt, sobald er sich eine Weile in ihnen aufhält. Tatsächlich konnte Brinkmann überall unglücklich sein, und keine Umgebung hielt ihn davon ab. Die von seinem verzweifelten Bannstrahl getroffenen Orte und Regionen sind also nicht als solche gemeint – hinreißende Landschaftsbeschreibungen über die norddeutsche Tiefebene, aus der er stammt, belegen das –, sondern fungieren als Stellvertreter seiner gerade vorherrschenden inneren Zustände.

Beim Antritt des Stipendiums in Rom fällt eine bezeichnende Bemerkung. Er bezieht ein Atelier in der Villa Massimo am Ende der Reihe, wo er sich ganz im eigenen »Bezirk« fühlt, bedauert aber, dass der Komplex nicht stärker abgeriegelt, »meinetwegen auch klosterhafter oder klausurhafter ist« (RB 79) – so sehr wünscht er Ruhe und Abstand, so nötig braucht er die Abgeschiedenheit. Sein Freund Nicolas Born, zur selben Zeit in der Villa Massimo, attestiert ihm in der noch frischen Erinnerung an den frühen Tod genau diesen Hang zur Askese, jenen »Härtetest«, dem niemand standhielt. Im abschließenden Porträt sagt Born: »genügen konnte er auch den eigenen Ansprüchen nicht.« Dass er die Not suchte, sie auch aushielt, die »Wüstennot«, und Verweigerung an den Tag legte, allem und jedem gegenüber, dass er für sich selber keine Wahl hatte, all das erscheint Born als »Askese geradezu« (Born 124). Askese im Sinne einer gesteigerten Selbstwahrnehmung, die sich mit religiösen Sühnevorstellungen verknüpft (James 306). Askese verstanden als Herausforderung an ein noch nicht eingelöstes Lebensprinzip, eine fixe Idee des Ausbruchs aus unerträglichen Umständen. Das wäre auch eine Erklärung für die selbst verschuldete Armut als Konsequenz aus der Entscheidung, keinen Beruf auszuüben. Das alles ähnelt natürlich auch stark dem radikalen Verhalten der Beatniks (Lipton 120–126).

Nach Olevano zog er sich besonders gerne zurück und lebte in dem Dorf wie ein Eremit. Von dort berichtet der lange Brief vom Heiligabend 1972 an seine Frau, und er beginnt mit der meditativen Stimmung. Auf einer Steinmauer sitzend (RB 406–408) sinniert er über Gott und die Welt und erklärt, woran er sich wenige Minuten später nicht mehr halten will: »Ich hasse inzwischen jede Religion.« (RB 408) Unter Berufung auf Gottfried Benn sucht er Abhilfe für die Bedrückung, den »eingeklemmten« Zustand:

> der billige Ausweg, der manchmal eine innere Stille schaffen kann – wie häufig habe ich gehört, daß total unreligiöse Typen plötzlich in einen Kirchenraum gehen und dort für einige Minuten still sitzen, denn es ist darin ja immer still, habe ich nicht mehr, und ich frage mich jetzt, ob ich ihn jemals tatsächlich hatte. (RB 408)

Und dann erinnert er sich an eine Beichte in Vechta, in der er gestanden haben will, dass Gott für ihn zu weit weg sei – »aber man ringt doch nur mit Phantomen« (RB 408) –, wonach sich das schlechte Gewissen zuverlässig meldete. Unter solchen Gedanken und Erinnerungen besucht er in zwei Kirchen von Olevano die Mitternachtsmette:

> Zwei rote Heizstrahler schienen gegen die versammelten Leute in den Bänken. Die Frauen hatten miese Kopftücher auf. (Rosenknollen in Seide.) (Folklore!!)/Und ein mieses jämmerliches Geheule setzte mit einem asthmatischen Harmoniumgewimmer ein, das der hockende Pope (Popel) in wedelnder Handbewegung dirigierte. Männer und Frauen saßen grob getrennt. (Eine protestantische Kirche ist nicht im Ort vorhanden. Die Gottflucher und Kommunisten und Sozialisten und sonstige waren wohl oben im Buone-Feste-Schmier-Raum beim Kartenspiel um 5000 bis 6000Tausend gleich 27 bis 30 DM-Gewinne auf dem Unterteller. [...] Dann kam der nackte Wahnsinn ungehemmt, Punkt 12 Uhr:Glocken wurden ge-

läutet, jemand zog an einem Strick, und über dem Altar, bisher durch Tücher verhüllt, kam eine größere Bakelit-Puppe zum Vorschein, in seidige Rüschen gehüllt, »Christuskind«, fröhliche Weihnachten, denn die hatte ich plötzlich nach meiner ersten winzigen Bestürzung, (wärst Du auf so was vorbereitet? [...] Ja/Nein): also da oben thronte Folklore-Weihnacht. In Form einer Puppe. Ich bin so schnell wie nie kichernd wieder rausgegangen. (Auch etwas entsetzt, daß es so was noch gibt.) Da ich sowieso an der Rocco-Kirche vorbei mußte, schaute ich noch einmal dort hinein. Im Vorraum balgten sich schwänzende Jungen um ein hübsches Mädchen [...] und sie stießen Comic-Schreie aus, die sich mit dem wimmernden Frauengeheule eines mischmaschigen Gesangs vermischte. Stille Nacht, Heilige Nacht auf italienisch hörte ich noch, dann weg. Schnell. Entsetzt, Grauen, lautes Gelächter in mir, da oben war wieder die Gliederpuppe. (RB 410)

Danach verkriecht er sich in seinem Sessel und liest. Die damals beliebten sexualpsychologischen Deutungen frei nach Wilhelm Reich, die ihm dann im Rückblick auf die »italienisch-katholische« Bambino-Puppe (RB 411) einfallen, überdecken das Ereignis nicht und erklären auch nicht, warum Brinkmann am Heiligabend von Kirche zu Kirche rennt, zumal er weiß, dass er so mit dem Unerledigten nicht fertigwird. Die fortgesetzte Empörung ohne wahre Ruhe, die traumatisch wiederholte Revolte sind vielmehr ein Beleg für ein ungeklärtes Verhältnis zur eigenen Herkunft.

Ein weiteres Mal erfolgt der Rückgriff auf die eigenen Anfänge. Gegen die Zumutungen des Katholizismus in Vechta wappnete er sich schon früh mit der Lektüre von Arthur Rimbaud. Ihn charakterisieren »Angriff und Verfallensein in einem«, das hat Brinkmann selber in den fünfziger

Jahren bei Hugo Friedrich gelesen (Friedrich 68), der in seinem Kapitel über Arthur Rimbaud vom christlichen Erbzwang sprach, vom traumatischen Leiden unter dem Christentum. Rimbaud kapituliere in seinem Werk *Une saison en enfer* (1873) vor den unlösbaren Spannungen der geistigen Existenz und er habe die Frage, ob dies ein »pervertiertes christliches Schicksal« sei, nicht beantworten können (Friedrich 68). Die metaphysische Heimatlosigkeit des modernen Dichters drücke sich in christlichen Vokabeln aus, schwankend zwischen wörtlicher und übertragener Bedeutung. Und Rimbaud liest er jetzt wieder. Einhundert Jahre danach wirken die Worte des französischen Lyrikers auf Brinkmann wie Diagnosen seiner eigenen Zeit. »Was für ein Leben! Das wahre Leben ist woanders.« (Rimbaud 291) Das hat auch Brinkmann so gesehen (Sch 8). Was er nun über die Sensibilität, über Erweiterung in die neue Erlebensweise sagt, steht ganz im Zeichen der frühen Lektüre. Und immer noch werde die »Vitalität«, der »Lebensdrang« unterdrückt, so schreibt er an Maleen und fragt: »Ich ist ein Anderer sagte Rimbaud: weißt Du, was das ganz ernst & ganz eine normale Existenz bedrohend heißt?« (RB 315) Wie Rimbaud sieht er um sich nur »Sümpfe des Abendlandes« (Rimbaud 313, Brinkmann Sch 8, 97), erscheint ihm Arkadien als »Vorhölle« (RB 16), Rom nicht anders als »worlds end« (RB 372). Den Sonderdruck in der Reihe der Villa Massimo-Vorträge schmücken zwei Motti von Rimbaud (FW 95). Brinkmanns Briefe aus Italien wirken wie eine Fortschreibung Rimbauds, der sich in der Hölle wußte und eben deshalb in ihr war (Rimbaud 283), Rimbaud, den er immer wieder zitiert, dessen Haltung er sich offenbar verwandt fühlt. Und damit identifiziert er sich auch mit dem Ringen um das Christentum, wie es uns am Beginn der Moderne begegnet. Er dehnt den Zeitraum noch aus: Auch den Malern der Romantik, auf deren Spuren er durch Olevano wandert (RB 429–436), sei es nicht anders ergangen. Alles »wie vor 100 Jahren, 150 Jahren, 200 Jahren: dieselbe Atmosphäre, dieselbe Mittagszeit, dieselbe Zerfallenheit« (RB 431). Einige Romantiker waren aber noch für den Glauben zu gewinnen, Rimbaud sicher nicht mehr und es gab nicht einmal einen Weg, auf dem man ihn dafür hätte begeistern können.

3 Präsenz I

Die Welt, der wir nicht entrinnen können, ist unsere Hölle, das hatte Rimbaud gelehrt. Ihre Realität ist unzulänglich, sie muss direkt benannt und zerstört oder überwunden werden. Auch Brinkmanns Werk ist voller Darstellungen recht konkreter Dinge. Diese Anrufungen gelten ganz unterschiedlichen Wirklichkeiten und sie betreffen zuerst Wirklichkeiten der Alltagswelt. Was er auf dieser Ebene mitteilt, betrifft eine einfache Präsenz von Dingen. Einfach, insofern die beim Namen genannten Dinge uns allen lange vertraut sind und einen hohen Wiedererkennungswert haben. Sie sind erklärbar und unmittelbar zugänglich. Dazu gehören natürlich neben Objekten auch Diagnosen sowie mentale und psychische Deformationen, denen Brinkmann sehr aufmerksam nachgeht. Allen Lesern stechen diese direkt angesprochenen Schwierigkeiten und Gegebenheiten des Lebens sofort ins Auge. Sie haben meistens mit der katholischen Prägung Brinkmanns zu tun oder werden von ihm darauf zurückgeführt.

Katholizismus in Vechta

Der Katholizismus in Vechta unterscheidet sich in einer historischen Hinsicht ganz deutlich von der allgemeinen Entwicklung der christlichen Bekenntnisse in Deutschland nach 1945. Vechta war nach wie vor in der besonderen Lage einer Diaspora (Baumann/Sieve 1995). Das blieb prägend, solange die christlichen Mehrheitsgesellschaften das Lebensgefühl der Zeitgenossen bestimmten. Und diese Lage gehörte zu den Ausgangserfahrungen des jungen Brinkmann.

Bis zur Säkularisation 1803 war das Herzogtum Oldenburg weitgehend evangelisch. Mit den neuen Ämtern (heute:

Landkreise) Vechta und Cloppenburg erhielt es einen katholischen Anteil, und man unterschied dann einen nördlichen und südlichen Teil nach den jeweils vorherrschenden Konfessionen. Im Jahr 1830 errichtete man das Bischöflich Münstersche Offizialat, die zentrale Kirchenbehörde mit ihrem Vorstand, dem Offizial mit Befugnissen eines Generalvikars und Bischofs, und zwar in Vechta, weil dort bereits andere staatliche Einrichtungen existierten. Seit dieser Zeit bildet die Stadt auch katholische Lehrer aus. Unter den kleinräumigen Bedingungen des Landes Oldenburg stießen seitdem immer wieder zwei Welten aufeinander, ein protestantischer (mehrheitlicher) Norden und ein katholischer Süden im Oldenburger Land. Aus dieser Epoche resultierte die besondere Situation der Stadt Vechta als Diaspora, die sich in der Folgezeit bemerkbar machte. Kirchliches Leben war auch immer gesellschaftliches Leben gewesen, zumal unter den besonderen regionalen Bedingungen.

Hier formte sich eine resistente katholische Kultur heraus, die das gesamte Leben durchdrang. Die Ausbreitung der Marien- und Herz-Jesu-Frömmigkeit war die geistige Basis für caritative Einrichtungen wie das Marienhospital in Vechta, in dem Brinkmann zur Welt kam. Das für den deutschen Katholizismus typische Vereinswesen breitete sich im Offizialatsbezirk rasch aus, und die Schulen kamen weitgehend unter die Leitung von Geistlichen. So ließen sich im Jahr 1902 auf Wunsch des bischöflichen Offizials die Dominikaner in Vechta nieder und errichteten wenig später ihre Ordens- und Missionsschule. Im Laufe des 19. und frühen 20. Jahrhunderts hatte der Katholizismus das gesamte Leben in der Region geformt.

In der Zeit des Nationalsozialismus, in der es in Vechta keinen Widerstand gab, erwuchs daraus eine Renitenz, die auf ein stabil gebliebenes sozialmoralisches Milieu zurückging, das auch das »Dritte Reich« überdauerte. Nicht der politische Kampf gegen den Faschismus, sondern die Sorge um das Existenzrecht der Kirchen und die Authentizität der christlichen Botschaft standen im Vordergrund. Alleine das Beharren auf der Existenz einer anderen Welt war unbotmäßig. In Vechta galt noch in den fünfziger Jahren die Selbsteinschätzung, man habe unter dem Nationalsozialismus »das Kreuz in den Schulen verteidigt«. Gemeint war hier vor allem ein Wiederaufflackern des Kulturkampfes in Form der Gegnerschaft zur Koedukation und der Kritik an der Beseitigung der konfessionellen Schulen ab 1938 (Schäfer/Kuropka 474–484, 511, 516).

Nach 1945 gewährten die alliierten Behörden in allen Besatzungszonen den Kirchen weitgehende Freiheit zur Ordnung ihrer Angelegenheiten. Ausdrücklich oder stillschweigend waren die Kirchen die einzigen Institutionen, die der direkten Militärkontrolle nicht unterlagen. Sie bekamen sogar das Privileg, bei Personalentscheidungen und bei den ersten Regungen eines politischen Willens gehört zu werden. In Vechta galt die Kirche als einzige funktionsfähige Institution, die von der englischen Besatzungsmacht zu Amtshandlungen befugt war. Man konnte den Einfluss des katholischen Milieus gerade in Vechta gar nicht unterschätzen. Denn die katholische Soziallehre als die Grundlage für die Ausrichtung des gesamten Alltags am Glauben, für die Bestimmung des Einzelnen wie der Familie, erreichte die Bürger unmittelbar und die Orientierung des Gemeinwesens daran wurde von ihnen erwartet. Der Ausbau des berufsorientierten Verbandswesens, des öffentlichen Bildungswesens, der kirchlichen Bildungseinrichtungen, das alles war nicht denkbar ohne das dichte Geflecht religiös-gesellschaftlicher Akteure mit katholischer Prägung. Brinkmann hat freilich die Verstrickungen der Elterngeneration in den Nationalsozialismus durchschaut und in einzelnen Fällen die mangelhafte Entnazifizierung angeprangert.

Die Reichweite des katholischen Milieus zeigte sich auch schnell bei den gesellschaftspolitischen Neuerungen. In Vechta verfochten Bischof und Offizial die Gründung einer Ausbildungsanstalt für Volksschullehrer, die im März 1946 als staatliche Pädagogische Akademie Vechta in den Räumen des Liebfrauenhauses gegründet, 1947 als Pädagogische Hochschule fortgeführt wurde. Brinkmann äußerte die Hoffnung, dort studieren zu können. Die katholischen Landkreise Vechta und Cloppenburg sprachen sich für die Gründung der CDU als konfessionsübergreifende Partei aus und suchten die Verbindung aller Christen in der neuen politischen Partei. Dieser Entscheidung für eine die konfessionellen Grenzen überwindende Partei stimmten auch die Vertreter der beiden Kirchen zu.

Die Zahl der Katholiken wuchs nach dem Kriege durch den Zuzug der Heimatvertriebenen, der Zuwanderer vor allem aus der sowjetischen Besatzungszone, auch wenn diese Gruppe mehrheitlich evangelisch war. Brinkmanns spätere Freundin Elisabeth Piefke kam aus Oberschlesien in die Region und besuchte ab 1956 das Lyzeum in Vechta, die katholische Ordensschule der Schwestern »Unserer Lieben Frau« (der Name bezieht sich auf Maria, die Mutter Jesu), die 1945 wieder eröffnete. Um die Erziehung im katholischen Sinne sicherzustellen, löste man die unter den Nationalsozialisten angeordnete Koedukation auf, schuf getrennte Schulen für Mädchen und Jungen und führte die konfessionell gebundenen Schulen wieder ein. Auch die leitenden Beamten der Schulverwaltung mussten der jeweiligen Konfession angehören.

In den fünfziger und sechziger Jahren blühte das religiöse Leben wieder auf. Die Beteiligung an kirchlichen Feiern und Prozessionen sowie am Kirchenbesuch stieg an. Das Seelsorgeamt des Offizialats förderte eine ohnehin gepflegte, stark marianische Frömmigkeit (Baumann/

Sieve 52). Fast die gesamte örtliche Bevölkerung nahm an den Prozessionen teil, die den Katholizismus im öffentlichen Leben sichtbar werden ließen. Im Sommer 1954 fanden Marien-Prozessionen statt (Schäfer/Kuropka 634). Auch zu Himmelfahrt, Pfingsten und Fronleichnam zogen die Gläubigen durch die geschmückten Straßen. Neue Kirchen und Kapellen wurden errichtet, neue Seelsorgebezirke gegründet. Sichtbares Zeichen für die Bedeutung des katholischen Glaubens in der Region war ein Ereignis, das auch Brinkmann in seinen Tagebüchern erwähnt: »Pater Titus […] Missionen, Prozessionen, Wallfahrten« (Erk 233). Im Mai 1954 wurden die Gebeine des im Gefängnis verstorbenen Dominikanerpaters Titus Horten (1882–1936) vom Vechtaer Friedhof in die Klosterkirche Vechta-Füchtel überführt; Brinkmann erinnert sich sehr wohl an »die Umbuddelei von dem seligen Pater« (Erk 192). Zehntausende säumten den Weg durch die Große Straße und machten die Prozession mit dem Sarkophag zu einer beeindruckenden Manifestation eines lebendigen Katholizismus. In der Folge gab es Titus-Gedenkfeiern (Schäfer/Kuropka 633f.) und Marien-Prozessionen, die mit dazu beitrugen, den Pater wie einen Märtyrer zu verehren (Schäfer/Kuropka 604–641). Manche hofften nicht nur auf seine Seligsprechung in Rom, sondern darauf, Vechta als Wallfahrtsort anerkannt zu bekommen (Erk 192). Derartige öffentliche Anlässe verfehlten ihre Wirkung auf Brinkmann nicht:

> Erinnerung: Vechta bei den Prozessionen schoben wir uns durch die gaffende Menge am Straßenrand, von denen überall welche in die Knie sanken, während andere stehenblieben, ein irrwitziges Bild, mit dem Baldachin und dem Priester mit so einem Schmuckstück in den Händen und Leuten mit Federbüschen und gezogenen

Degen, und bei faßten wir in dem Gedränge nach den schönen vorstehenden Titten.

Prozessionen: lange kunstvoll geschmückte Blumenteppiche mit allerlei katholischen Firlefanz-Symbolen, und dann bunt gefärbtes Sägemehl, das die Mädchen aus dem Internat zu einem Teppich auf dem Asphalt arrangierten am Samstagnachmittag, gute Gelegenheiten, sich an hübschen Mädchen satt zu sehen.

[...]

Erinnerung an Palmsonntag: Burgstraße, Palmstöcke mit Äpfeln, bauschigem bunten Papier und Papierfähnchen, die gesegnet wurden, total irre! Oben Büschel Buchsbaum. (Erk 260)

Prozessionen, Fahnen, Rote Inletts bei Umzügen rausgehängt, ich bin ganz von dem Remmidemmi wackelig und taumelig und durcheinander gewesen. Maibäume an den Straßenrändern [...] (Erk 261)

Die Häufung, in der Brinkmann die Prozessionen erwähnt, ist nicht nur ein Hinweis auf die Daten, die das Kirchenjahr forderte, und das Leben in der kleinen Stadt richtete sich tatsächlich vollständig nach dem Kirchenjahr, sondern auch ein Hinweis auf die anhaltende Faszination durch den Kultus, der nicht nur von der durch die Stadt getragene Hostie in der Monstranz ausging (»Priester in reich verzierten Gewändern und durch die Menge getragene Mehlplättchen«, Erk 54). Brinkmann registriert die Frömmigkeit auch in seiner Kölner Zeit.

Andererseits: Die kognitiven Abwehrmaßnahmen des Katholizismus in puncto Neuerungen konterte der junge Brinkmann mit einem Salut auf die literarische Moderne. Noch 1950, unter dem Eindruck der ersten Erfolge in der Weltraumfahrt mit dem Sputnik, brachte Rom mit dem Dogma der leiblichen Himmelfahrt Mariens die starrsinnige

Variante eines Glaubens an Transzendenz zum Ausdruck, der in Vechta auf fruchtbaren Boden fiel. Das Vechtaer Milieu musste daher dem aufgeschlossenen Brinkmann als eine Insel der Immunität gegen den ihn so sehr herausfordernden Geist der neueren europäischen Literatur erscheinen, die ihn andere Wege wies. Seine frühen Studien und Übungen in der französischen, englischen und amerikanischen Lyrik sind Teil seiner existentiellen Suche in ganz wörtlichem Sinne. Er wollte sich außerhalb verbürgter Gewissheiten stellen. Aber er bleibt zunächst auf Lektüre verwiesen, auf ekstatische Lektüre.

Schuldkomplex und Projektionen

Was hinterließ die katholische Prägung bei Brinkmann? Für den jungen Vechtaer Schüler könnte man sagen, eine Art negativer Identität. Der Jugendliche, um nur ja er selbst bleiben zu können, handelt lieber schamlos, als zu Tätigkeiten gezwungen zu werden, die nicht eigenständig wirken (Mehnert 440). In Lehre, Bekenntnis, Weltauffassung, in allen Lebensbereichen wirkte die katholische Sinnwelt auf Brinkmann ein. Ihre stummen Gewissheiten, die Selbstverständlichkeiten im Alltagsleben erzeugten aber auch seelische Verhärtungen, Deformationen und Selbstverstümmelungen, die er sein Leben lang ruhelos brandmarken sollte. Dabei neigte Brinkmann zu Gesamtdiagnosen, die sehr einfach klingen:

> Schuld, Tod, Kaputtgehen: Das sind die Anfangszeichen, bei mir gesteigert durch meine Herkunft in fanatisch-religiöser Gegend Süd-Oldenburg / dagegen habe ich Grün gesetzt / Alleinsein (Erk 214)

Sein Kopf produziert »Schuldgefühle« (Erk 221), besonders die Erinnerung an die religiöse Liturgie ruft sofort wieder die »Rituale eines eingeübten Schuldbewußtseins« (Erk 229) hervor, die zusammen mit der bleibenden Angst vor Bomben in der unmittelbaren Nachkriegszeit jene »bedrückende, verpestete Atmosphäre« (Erk 244) schaffen, die Brinkmann für eine generationstypische Fehlentwicklung verantwortlich macht. Hinzu kommt aber – vielleicht noch gewichtiger – der moralisch restriktive Umgang mit der Sexualität. Allenthalben spürbar gerade bei der aufwachsenden Generation, die durch den Zugang zu neuen Medien (Film, Radio, Jugendzeitschriften) über bisher ungewohnte Möglichkeiten der Information und Identifikation verfügte.

Das führt in den sechziger Jahren zu heftigen Befreiungsversuchen. Unter den damals neuen Spielformen der Selbstverwirklichung nahm die Sexualität die wichtigste Stelle ein. Die vom Christentum geförderte Verdrängung des Sexuellen sowie ihre Dramatisierung zum Maß aller Tugenden beschworen geradezu eine neu aufbrechende Überbewertung in der so genannten »Sexuellen Revolution«. Beiden Bereichen, der vollkommenen Autonomie des Einzelnen und seiner Sexualität, sprach man ›heilige‹ Qualitäten zu. Freiheit schien ohne sie unmöglich. Außerdem konnte man die Formbarkeit des menschlichen Organismus und seine Empfänglichkeit für gesellschaftliche wie ökonomische Prägungen am einfachsten auf dem Gebiet der Sexualität studieren. Ihm widmet sich Brinkmann mit einer gewissen Regelmäßigkeit. Eben aus diesem Grunde.

Sex, Körper, Versagen – das sind wiederkehrende Gegenstände und Themen im Werk, sie treten so häufig auf, dass sein Freund Ralf-Rainer Rygulla in einem Interview die Unterstellung, das sei Brinkmanns eigentliches Gebiet gewesen, korrigieren musste (Geduldig 102). Vielmehr sollte ihre Thematisierung auf nachwirkende Projektionen hindeuten. Auch von seiner Frau Maleen berichtet er, dass sie zur Zeit ihres Kennenlernens beim Sex »immer das Gefühl von etwas Verbotenem gehabt habe« (Erk 310). Und Brinkmann selber suchte seinen eigenen Weg aus der Prägung: »Und ich, damals: Glaubte richtig loslegen zu können, Sex, Freude, Trinken. Essen, Schreiben, Leben, Musik, Tanzen, Ausgehen, Sprechen, Träumen.« (Erk 310)

Wie eng Religion und Sex zusammengehören, das erläutert Brinkmann im Brief aus Rom an Piwitt, in dem er sein Außenseitertum als »der große Einzelne« im Sinne von Hans Henny Jahnn (RB 264) gerade bei diesem Thema verteidigt:

> Sex, in Form diffamierter Onanie: und diesmal ist es eher erschreckend als lächerlich, daß von Dir, einem Intellektuellen, wieder einmal ganz allgemein sexueller Ausdruck diffamiert wird, überhaupt die Erleichterung und Freude durch Sexualität, also die Entspannung des Körpers innerhalb eines lastenden, von allen Seiten beschränkten Universums – und dann speziell die Selbstbefriedigung, womit sogleich eine Wertung innerhalb der Sexualität geschieht, und das ist finsterste abendländische Unterdrückung, verrottetste Ideologie, profanisierter religiöser Wahn: schließlich ist, wie die Kopulation in den Anus, die Onanie ja sehr anti-sozial im weiten Umfang, keine Vermehrung des Menschen, keine Gemeinschaftsbezogenheit usw.: alles das wußten die religiösen Wahnsinnigen bereits auch bis in die puritanische Wüstenei des Bewußtseins in den nördlichen Ländern – mich erinnert dieser spezielle Punkt der Diffamierung an die katholische Beichte, in der man gefragt wird: wie oft hast Du onaniert? (RB 266)

Aber die Schuldgefühle sind nicht verschwunden. Sie werden kompensiert. Allenthalben finden wir bei Brinkmann Kollisionen von Religion und Sexualität, die er als gleichberechtigte Mächte inszeniert. Die enorme Verbreitung pornographischer Erzeugnisse, auf die Brinkmann empfindlich reagiert, die er brandmarkt, erklärte ihm Susan Sontag damit, dass sich religiöse und sexuelle Phantasie in ihrem Anspruch auf Absolutheit vergleichen und eben deshalb auch wechselseitig ersetzen lassen (Sontag 67). Dort greift auch Brinkmann an. Der Sex wird einerseits in seiner ökonomischen Entstellung durch Reklame noch an den unscheinbarsten Orten aufgespürt, andererseits als körperlicher Akt völlig überhöht. Ein normaler, angemessener Umgang damit fehlt in den Texten.

Sex als »Erleichterung in einem beschränkten Universum«? (RB 208, 266), diese Deutung wiederholt sich bei Brinkmann. Kann er Sex nicht anders als in einem kosmischen Kontext sehen? Auf jeden Fall bedeutet Sex bedingungslose Gegenwärtigkeit. Gelöste, freigesetzte Empfindung, erfüllte Existenz. Aber so steht Sex schon nicht mehr für sich, sondern ist wieder Teil einer spirituell überformten Sichtweise. Denn als Akt repräsentiert der Sex vollkommene Präsenz: »Und was ist Gegenwart anders als körperliches Dasein, Vorhandensein in der Zeit, und träumen?« (RB 82 und 407), eben Teilhabe am »Gesamtleben« [...], »von einem großen Gedanken gedacht« (RB 82). Er hat also universale Qualität, ist auf geheimnisvolle Weise mit dem Universum verbunden. Unter der Hand kommt hier ein Monismus ins Spiel, ein metaphysischer Vitalismus aus der Lektüre der Schriften von Giordano Bruno, der, als »Pantheist« (RB 130) verschrien, schon deshalb in Brinkmanns Augen zum Vorbild für sein persönliches Einzelgängertum taugt und ihm hier ein willkommenes Stichwort liefert.

Der dargestellte Sex in den veröffentlichten Briefen aus

Rom, Blicke kommt dagegen in die Nähe der Pornographie, weil die räumliche Distanz des Briefschreibers zu seinem Objekt den genretypischen Kriterien unterliegt. Sowohl der Telefonsex mit Maleen (RB 208f.) als auch der genüsslich zelebrierte mitternächtliche Brief-Koitus am Weihnachtstag 1972 (RB 411f.) lesen sich wie Passagen in einem mäßig überzeugenden Roman. Beide Male vernehmen wir das Schwanken zwischen überreizter Selbstbehauptung und sehnsüchtigem Aufgehen in der Totalität, wie sie im nahezu naturmystischen Konzept einer ersehnten, umfassenden »Gegenwart« anklingt. Als exzessive Liebeserklärungen an seine Frau (»Das kommt mir alles bald wie ein riesiger Liebesbrief vor.« RB 412) wirken die Briefe vor dem Hintergrund der deutlich vernehmbaren Beziehungsprobleme eher verdächtig oder legen die Idealisierung einer unerreichbaren Geliebten nahe, wie Peter O. Chotjewitz vermutete (Geduldig 79).

Jedenfalls taucht der heilige Sex am Weihnachtsabend wie ein Bestandteil des Rituals in einem Mysterienkult auf. Die Tendenz zur überhöhten Wahrnehmung bekundet der jeweils mitschwingende Kontext von Liebe und Heiligkeit: »Und die Hemmungen sind weg.« (RB 412) Den Sexualakt zu einem befreienden, ungehemmten Erlebnis zu machen, das gelingt Brinkmann im Weihnachtsbrief, die Einbettung der ganzen Szene in den Bericht über die katholischen Feiern aber hebt ihn auf die Ebene eines orgiastischen Kultes, der göttliche Kraft im sakralen Beistand verspricht (Lipton 75–77, 128). Und immer wieder stellt sich wie von selbst die Frage: »Ist das katholisch? Sich selbst nicht einmal etwas nachsehen können, nicht sich gut finden, alles weiter an Höhere leiten usw.« (Erk 320) Sein Freund Henning John von Freyend, mit dem er 1971 drei Wochen im katholischen Longkamp auf dem Land verbringt, sagt unverblümt: »Du bist katholisch, wie du redest.« (Erk 329)

Die Arbeit an den sexuellen Projektionen kulminiert im zwanghaften Aufbrechen der Sexualmoral. Brinkmanns nicht zu leugnende Fixierung auf Nacktheit, Sex, freie Liebe und ihre Verformung durch die Konsumwelt, ihre verstellten Bilder, ihr Spiel mit dem Verlangen, das anderen Zwecken dient, gehören zu seinem breit angelegten Versuch einer umfassenden Selbstversorgung mit Zuständen wahren Glücks. Dazu zählen die häufigen Berichte von Besuchen bei Prostituierten in Köln (Erk 187, 188f., 190, 206) und auf dem Straßenstrich in Rom am »Buß & Bettag« 1972 (RB 234f.): »Sex, Geld, Tod, Autos, Reparaturwerkstätten, Nacht und erloschene Reklameschilder. / Eine derartig schäbige und wirkliche Szene könnte man sich gar nicht allein im Zimmer ausdenken! Runtergekommen: das hockte in jeder Einzelheit und strömte nichts aus.« (RB 234) Der Betrachter gehört unweigerlich zur Szene, und dort wird er die »Überwältigung« durch »Sensibilisierung« (RB 153) vergeblich suchen. Stattdessen listet er endlos Stichworte zum Thema Sex auf (RB 152ff., 324), die nur falsche Bilder und Erwartungen berücksichtigen. Intensives Fühlen misslingt, er kann ausschließlich von Enttäuschungen berichten, auch persönlichen. Alles einschließlich seiner eigenen Träume erscheint ihm verseucht von der Pornographie: »Und ich meine nicht die plumpe unsensible Einfachheit eines Pornos alla tedesca« (RB 153).

Brinkmanns Kreuzzug gegen gesellschaftlich verformte Sexualität hat die Suche nach einer nichtreligiösen Ekstase zum Ziel. Und ihren Ausdruck in einer angemessenen Sprache. Die Pornographie »treibt einen Keil zwischen unsere Existenz als menschliche Wesen und als geschlechtliche Wesen« (Sontag 58f.), sie wirkt wie religiöser Wahn (Sontag 49f.). Wer ihr nicht verfallen will, muss Gegenstrategien entwerfen. Wer ihr nicht erliegen und den Kern ihrer Wahrheit erhalten will, braucht radikale Gegenmaßnahmen. Daher

Brinkmanns Interesse an der erotischen Kunst. Daher die Absicht, zuerst einmal das Schlechte, das Missratene abzuräumen, um dann, nach der sexuellen Befreiung, die nach Brinkmann im eigentlichen Sinne eine geistige Reinigung ist, zu einem »Akt der Annahme« voranschreiten zu können, in dem die »bewußte Annahme des eigenen Leibes« (RB 153) erst vollzogen werden kann.

Dass die damals viel berufene »Sexuelle Revolution« keine bloß körperliche Lockerung meinte, bei der es darauf ankam, möglichst oft und mit wechselnden Partnern freie Liebe zu praktizieren, sondern eine mentale Änderung forderte, lässt eine provokante Zuspitzung erkennen:

> Es ist tatsächlich nicht einzusehen, warum nicht ein Gedanke die Attraktivität von Titten einer 19jährigen haben sollte, an die man gerne faßt … (FW 227)

Vor dem Verhaltenswandel steht der sprachliche Tabubruch. Brinkmann verlangt nach Gedichten, in denen nicht mehr von Wolken, Traurigkeit und Gefühlen die Rede ist, sondern von Schamhaar und Schwänzen. Die Anfänge dieser auf Emanzipation ausgerichteten Literatur liegen in den USA der sechziger Jahre. Das von Ed Sanders herausgegebene Magazin *Fuck You* und andere Heftpublikationen wie die *Cunt Comics* waren Vorbild für das Engagement Brinkmanns und seines Freundes Rygulla. Die für ungewohnte Register offene Sprache sollte aufrüttelnd wirken. Entsprechende Lektüre sollte immunisieren gegen sexualisierte Reklame und eine Konsumwelt, die besessen sei von ihrer »Sex sells«-Idee. Brinkmann nimmt die *Fick Ode* von Michael McClure in *Silverscreen* auf, sie sticht mit dem wiederholten Einsatz »Dies ist …« in einem barocken Ton hervor und möchte eine moderne Koitus-Hymne sein. Dessen Langgedicht *Eine Girlande* aus der ehrwürdigen Tradition der Priapeia empfiehlt er allen Ernstes fürs Schullesebuch (Acid 385, FW 228). Die Anti-Sprache des Protests, die Fäkalsprache (Mehnert 266–272), der modische Analjargon sind in einer exemplarischen Auswahl der amerikanischen »Dirty Speech«-Bewegung in den Anthologien versammelt (Acid 22, 408). Ein *Gedicht* von John Giorno präsentiert mitten im doppelt abgedruckten Text eine Nackte wie eine Marienfigur im Tondo (Acid 353). Seine Texte unter dem Titel *Cunt* übersetzen Rolf-Eckart John und Brinkmann 1969. Der New Yorker Autor übte offensichtlich auf jene Leser einen großen Reiz aus, die in ihrer Kindheit einer besonders strengen Tabuisierung des »Ungehörigen« ausgesetzt waren.

Brinkmanns »Erotic Art« als Gegenstrategie kann mit kruden Beispielen aufwarten. Neben den Filmen steht vor allem der Gedichtzyklus *Godzilla* von 1968. Er gilt als Angriff auf die massenmedial erzeugten Bilder und auf unseren Gefühlsschlamm, wie ihn das Kino im Kopf hervorschwemmt. Sein Autor schneidet Werbefotografien von weiblichen Unterwäschemodellen aus einem Warenkatalog aus und setzt auf diese Fotos Gedichttexte. In Verbindung mit dem Kinomonster Godzilla, dem durchgängigen Todesmotiv (St 161, 173, 182) und der obszönen Sprache ergießt sich ein Text über die Bilder, bei dem nicht mehr zu entscheiden ist, ob er kritisch gemeint ist oder eben doch eine perfektionierte Weise der kruden Pornographie sein will. Der thematisch verwandte Essay *Über Lyrik und Sexualität* aus der »Streit-Zeit-Schrift« 1969 fordert Litaneien der Benennung von Körperöffnungen, von Körpersäften, er plädiert für die Banalität des Körperlichen als Heilmittel gegen langweilige Lyrik im erhabenen Ton. Aber die Sprache der Anrufung, das viermalige »Diese Fotze ist gut«, das die erste Strophe der *Meditation über Pornos* (St 162) bildet und die im gleichen Ton fortfährt, bedient sich bei der Peepshow ohne den geringsten Unterschied. Das ist die Crux dieser Literatur. Von der Übernahme der Wörter verspricht sie sich eine Offenbarung, den Anbruch der neuen Zeit, den unbelasteten Umgang mit dem Sex, aber sie kommt damit nicht weiter als im zitierten Motto von Tom Clark, der auf dem Titelblatt des *Godzilla*-Zyklus die einzig beachtete Körperregion anhimmelt: »Das ist ihr Heiliges Land« (St 159 und Acid 109f.).

Man kann die strapaziösen Exerzitien im Film heranziehen, Warhols *The Chelsea Girls* (Acid 304–307), den Brinkmann feierte, man nehme seine eigenen Filme oder die Happenings, die Aktionen eines Otto Muehl. Das Ritual von Blut, Schmutz und Sex wurde allerorten zelebriert. Frank Zappa, der Leader der *Mothers of Invention*, masturbierte auf offener Bühne eine Plüschgiraffe, bis unter allgemeinem Hallo die Kaffeesahne floss. *Der Spiegel* brachte in seiner Titelgeschichte *Jahr des Schweins* im Heft zur *Anti-Gesellschaft im Untergrund* am 9. Juni 1969 (142–155) eine erschöpfende Aufzählung von Mixed-Media-Aktionen. Solche Gegenrituale bestimmen auch Brinkmanns Kunst, das erwähnte Dieter Wellershoff (Geduldig 123, 127). Gleich, ob wir die Erotic Art als kritischen Hedonismus lesen, ob wir sie als zeitgemäßes Plädoyer für Sinnlichkeit verstehen oder als Erweiterung, Ergänzung um die damals noch nicht ausgeschöpften Themen und Verfahren. Ihre Subversion verpuffte schnell, sie gilt heute als verloren. Das war auch Brinkmann nach wenigen Jahren aufgefallen. Und ein Durchbrechen des Schuldkomplexes war damit noch weniger zu bekommen.

Im Gegenteil. Wellershoff, der sich psychologische Urteile leisten durfte, sprach vom Zwang zur Selbstbestrafung, wenn er Brinkmanns Ausfälligkeiten, seine Hypochondrie erklärten musste (Geduldig 128). Sein Gesprächsverhalten schildert er als unnachgiebig, rechthaberisch mit fanatischmissionarischem Eifer bis hin zum Geschrei (Geduldig 73). Er war eruptiv, impulsiv, was als Inszenierung begann, wurde schnell ein Wutausbruch (Geduldig 111), er war selbstzerstörerisch, heimgesucht von Selbstzweifeln und Depressionen (Geduldig 86). Von Wortschlachten, Krächen und Rundumschlägen berichten auch Wondratschek, Rygulla und Chotjewitz (Geduldig 20, 70, 71). Aber auch vom genauen Gegenteil, seiner Fähigkeit, liebenswürdig und zuvorkommend zu sein. Durchgängig beobachtete Wellershoff Ambivalenzen (Geduldig 73, 75, 112), er sprach einmal gar von verlängerter Jugendlichkeit (Geduldig 78).

Die hohen Intensitätsgrade seiner Emotionen, die Flut der Erregbarkeiten verweisen auf das drängende Problem, das er mit dem Schreiben beseitigen wollte. Alles hing mit allem zusammen, da war er sich sicher. Schon die bloße Erinnerung daran, dass damals in Vechta seine Freundin zur Beichte ging, bevor er mit ihr in den Wald wollte, um sie zu berühren und zu küssen, kam ihm vor wie die »Bedrohung einer Kastrierung« (RB 408). Sein Resümee: Die »Wirkmale« jenes »Schreckens, der Religion« (RB 409) sitzen noch wie ein »Gedankenfetisch« im Innern der meisten. Und regieren seine eigene Tätigkeit, die Arbeit des Schriftstellers.

Ecce homo: Schreibzwang und Sprachkritik

Die fast zwanghaft wirkende Beichte in Form der täglich geführten Niederschrift auch belangloser Details (Essen, Trinken, Rauchen, Einkäufe, Geldsorgen, Wutanfälle, Langeweile) und selbst niederer Verrichtungen steht keinesfalls nur in engem Zusammenhang mit einer neuen Ästhetik, sondern auch mit den Verlagerungen des Religiösen in Profanes. Mit dem Zurückdrängen des Glaubens geht die

Sakralisierung des Ichs einher, das an die Stelle anderer Instanzen rückt. Auf den ersten Blick ist das tagtägliche Aufzeichnen, ist die regelmäßige Schreibhandlung nicht als religiöse Verrichtung spürbar, bedenkt man aber die gewachsene Rolle der Individualisierung oder der Biographie jedes Einzelnen, so kommt der Verdacht auf, dass private Deutungen im unmittelbaren Erleben auch des Kleinsten und Unscheinbarsten im Sinne eines Überschreitens von Gewohntem, von Vertrautem sehr wichtig sein können. Sie dienen der Überprüfung des Verhältnisses von Freiheit und Zwang, von Beeinflussung und eigenem Gestaltungswillen in einer unsicheren Existenz. Nicht umsonst fragt sich Brinkmann selber immer öfter, warum etwas geschieht, ob es richtig ist, wie es ihm damit persönlich ergeht, welchen Stellenwert eine Tätigkeit überhaupt haben kann und was das für seine Empfindungsfähigkeit bedeutet.

In seinen Tagebüchern notiert er gelegentlich sogar die Uhrzeiten während eines wie minutiös vorangetriebenen Schreibens. Er durchleuchtet Lebensdetails in Echtzeit (jedenfalls soll der Eindruck entstehen) und erfasst sie so konkret wie nur irgend möglich, weil er ihre Zuordnung zu jenen Sinnschichten prüfen will, die den Alltag überschreiten. Ihn leitet die drängende Frage, ob hier, im Bereich der kleinen Transzendenzen (Luckmann 95) überhaupt noch tiefere Bedeutung zu finden sei. Und bei dieser Arbeit an der eigenen Lebensführung oder (vom Verdacht des Misslingens geprägten) Lebensordnung wächst sein Misstrauen in vorgefertigte Angebote. Wenn nur noch das eigene Ich, die persönliche Sensibilität als Berufungsinstanz übrig bleibt, muss er sie umso gnadenloser durchleuchten.

Schreibzwang und Sinnverlust sind zwei Seiten derselben Erfahrung. Das Tagebuch durchziehen Bemerkungen über das Schreiben als Zwangshandlung, »Der Zwang zu schreiben ist schon Unsinn« (Erk 320), »bis gegen halb 9 abends durchgehend geschrieben«, er »schrieb ohne nachzudenken« (Erk 187), ihm fällt plötzlich »das rasende Tippen hier jetzt viertel vor 12 nachts« auf (Erk 193), oder rückblickend: »Ich habe, wie oft in der letzten Zeit, im letzten Jahr, kurz vor Longkamp, wie rasend geschrieben, notiert« (RB 283). Mit dem Ergebnis: »eines Tages war mir total der Sinn meines Tuns (Schreibens) abhanden gekommen, für wen schrieb ich und was schrieb ich und warum?« (Erk 190) Derartige Selbstbilder treten meist im unmittelbaren Zusammenhang mit wutartigen Ausfällen gegen die eigene Lebensgeschichte, kulturelle Fehlentwicklungen oder den »umfassende[n] Eindruck eines Abfallhaufens« (Erk 82) auf, von dem er sich umzingelt sieht. Davon wolle er sich mit kalter Schulter abwenden und in die intensive Anwesenheit des wortlosen Schreibens versenken:

> Was das heißt, mache ich mir erst langsam klar. Das heißt doch wohl, dass mich kein Gegenstand, kein Bild, kein Geräusch, kein Film, kein Buch, keine menschliche Beziehung, kein Wort tatsächlich in meinem Hunger nach Schönheit und Anwesenheit befriedigt. (Erk 83)

Derartige Bilder von einem gegen die bedrängende Situation durchgehaltenen Ecce-Homo-Leben als Autor üben auf Brinkmann eine gewaltige Anziehung aus. Der Schriftsteller ist der moderne Schmerzensmann. Dieses heldenhafte Standhalten gegen alle Widrigkeiten findet er auch in der Lektüre und notiert freudig: »Burroughs schreibt: Ich wandere über die Müllkippe direkt in den Himmel! Hahaha!« (Erk 197) Immer wieder kommen die Selbstporträts des jungen Autors als wider Willen Gepeinigtem bedrohlich in die Nähe der Bilder vom Gekreuzigten. Je schlimmer die Welt, umso schmerzensreicher das eigene Leben und bewundernswerter die aufrechte Haltung des Schriftstellers.

Die selbstgewählte Lebensweise als der zum Schreiben verdammte Autor ohne Auskommen stilisiert er zuverlässig zu einem permanenten Martyrium im schier aussichtslosen Kampf gegen eine völlig unrettbare Welt.

Und doch verliert diese Marter des Schreibens als Behauptung im selben Moment an Überzeugungskraft, in dem zugleich vom ununterbrochenen Schreibfluss die Rede ist. So wie er es darstellt, scheint ihm die Tätigkeit des Schreibens nicht nur bei der Krisenbewältigung und fundamentalen Kritik zu helfen, sondern die umfassende Abwehr von Unheil zu befördern. So wie die Religionen unterschiedliche Praktiken der Rettung vom Gebet bis hin zum magischen Bann kennen und variable Mittel (Geständnis, Tagebuch, Autobiographie) dafür einsetzen (Riesebrodt 162ff.), so scheint auch Brinkmanns Zwang zur Niederschrift untergründig mit diesen Handlungen in Verbindung zu stehen. Nicht nur ähnelt die regelmäßige Aufzeichnung der von Max Weber erklärten Tradition der Selbstprüfung im Angesicht eines Höheren, sondern auch das offene Geständnis:

> ich kann nur sprechen, sobald mir etwas nicht gefällt / das Schöne ist für mich sprachlos / das heißt nicht, ich nähme es selbstverständlich hin //:: (wer Schönheit selbstverständlich hinnimmt, der quasselt einfach drauf los!) (Erk 193)

Die Worte geben hinreichend Auskunft über die wahre Lage. Das Unnennbare existiert also, auch Brinkmann kennt das Numinose, das Faszinierende (Otto 42–52). Etwas, das gar nicht von den Schlechtigkeiten der Welt betroffen ist. Ihre Zumutungen provozieren das Gegenwort, den Einspruch. Und der Autor spürt die Pflicht, darüber reden zu müssen.

Das geht so weit, dass er dem ureigenen Ausdrucksmedium des Schriftstellers, der Sprache, nicht mehr vorbehaltlos vertrauen möchte. Die mittels Sozialisation und dauerndem Gebrauch von der Welt uns mitgegebene innere Sprachform verliert ihre Glaubwürdigkeit. Das Verhältnis von Sprache und Weltansicht erscheint Brinkmann als ein Dauerproblem (Luckmann 91). Die mit der Sprache eingespielten Deutungsmuster und Handlungsmodelle, die unserem Leben eine moralisch bedeutsame Richtung geben, stellt er komplett auf den Prüfstand. Selbst die Möglichkeit zu einer Selbstreinigung durch das Schreiben wird fragwürdig.

Lapidar formuliert er im Gedicht: »Die entscheidenden Fragen im Leben / bleiben ungelöst« (St 292). Die Schreibbewegung führt dagegen zu Andachten der Sprache. Sie zeugt eben nicht von einem Sprachverlust. Symptomatisch steht dafür ein Gedicht, das er in der Abgeschiedenheit seines Apartments während des Aufenthalts in den USA verfasst hat. Wie viele andere Texte kreist der dritte Abschnitt *Im Voyageurs Apt. 311 East 31st Street, Austin* um ein einziges Wort: »Sie träumen alle vom Süden« (Ww 78f.). So als wolle das Gedicht dieses eine Wort zermürben, durch endlos variierende Komposita zersetzen, führt der Schreiber sein Exerzitium durch. Dutzende von insistierenden Wendungen, die sich mit dem Wort bilden lassen, folgen aufeinander. In meist nächtlichen Sitzungen überlässt sich Brinkmann dem sprachlichen Gang von Wahrnehmungen. Man kann ihm beim unaufhörlichen Schreiben zusehen, jedenfalls erzeugt der Text diesen Eindruck. Ganz als könne man bei den Suchbewegungen, die durch das Sich-treiben-lassen in der Sprache hervortreten, mitgehen. Scheinbar absichtslos, aber doch gelenkt von einem Grundton, einer lange im Ohr bleibenden rhythmisch wiederkehrenden Klangfolge »Süden«, lauscht man den Bewegungen des Wortes, bis eine Imagination aus der bloßen Realität des Wortes aufsteigt. Die Fixierung teilt aber nichts mit, sie bringt lediglich Wörter gegenseitig in Stellung.

Solche Lautkunststücke, das manchmal zermürbende Kreisen um Sprache, um auffällige Wendungen, ausgesuchte Wortwahl, erzeugen eine Wort-Musik, geradezu Wort-Magie, bei der wir uns dem Beat der Sprache überlassen sollen (Seel 2000, 188, 205, 240). Martin Seel hat literarische Texte als »Resonanzkörper« (Seel 2000, 208–212) bestimmt und erklärt, wie Brinkmann sich diese besondere Form von Sinnlichkeit zunutze macht. Seine Texte sind Seel zufolge Partituren, die darin aufgeführten Schreib-Szenen kultivieren den Wort-Dienst, die Wort-Andacht, sie bieten Sprach-Meditationen in ihren klanglichen Ausdruckswerten. Dass »das Wort Fleisch geworden« (Erk 104, 401, RB 85), beschäftigt Brinkmann offenbar, er zitiert die biblische Wendung gerne, aber seine ganze Kritik gilt dem »miesen, elenden Sprachverständigungsmittel« (RB 85), zu dem das Wort verkommen ist.

Aber alles in allem genommen: An keiner Stelle geht Brinkmann so weit, seiner eigenen Sprachfähigkeit abzuschwören, selbst wenn der Äußerungstrieb etwas Gewaltsames angenommen hat. Unüberwindlich ist der Trieb zum Schreiben, das zwanghafte Rechthaben, der Drang zum Niederreden anderer. Fasziniert vom »Esperanto der Rock-Generation« (Mehnert 315) vertraut er sich lange Zeit der Sprache des Popsongs an, dem niederen Stil der Popmusik, er schätzt die scheinbar ›einfache‹ Sprache der Songs, die in Wahrheit, mit religiösen Bildern aufgeladen, einen häufig mit Elementen der Erbauung durchsetzten »sermo humilis« pflegen, ihn jedenfalls gezielt einsetzen. Daran stört er sich nicht.

Getrieben vom Schreibzwang und Sprechdrang – so zieht er durch die Stadt: »Ich hatte jedesmal, wenn ich durch die Stadt ging, Jesus, eine verrückte Wut« (Erk 131). Für eine Sendung über den Autorenalltag erhielt er vom WDR ein tragbares Tonbandgerät, das er auf seinen langen Wegen durch Köln im Gehen bespricht und mit Hasstiraden und Bannflüchen füllt. Die ganze große Suche nach einer erfüllten Präsenz endet im ersten Zugang bei der Einsicht, dass alle letzten Bedeutungen, dass der große Sinnzusammenhang abhandengekommen ist. Gibt es in unserem Leben überhaupt noch etwas, das uns heilig ist? Das diese Bezeichnung wirklich verdient? Was man stattdessen schnell findet, sind Surrogate. Im Denken Brinkmanns: »miese« Ersatzformen und Schwundstufen, die uns allerhand vorgaukeln. Wie ihre Agenten, die er verachtet. Kleine Geister wie Graham Bonney.

Jesus in weiten Schlaghosen. Das Leben der Stars

Das Erzählgedicht *Graham Bonney und das komplizierte Gefühl* (St 233f.) inszeniert die zufällige Begegnung mit einem Popstar auf der Straße. An einem Samstagabend gehen »Helmut Pieper und ich« – Brinkmann setzt reale Namen ein – in die Stadt und treffen »plötzlich Graham // Bonney«, der vor ihnen hergeht, von niemandem (außer ihnen) erkannt. Dieser hoch ironische Einstieg bezieht sich wie das gesamte Gedicht auf die Bibel, die berühmte Begegnung mit den beiden Jüngern auf dem Weg nach Emmaus. Während sie miteinander redeten, heißt es im letzten Kapitel des Lukas-Evangeliums in Kapitel 24 Vers 16, trat der Auferstandene zu ihnen, »doch sie waren wie mit Blindheit geschlagen, so daß sie ihn nicht erkannten«. Die exakte Nachbildung der biblischen Szene einer Erscheinung und der über Jesu Geschichte staunenden Jünger, ihre ungläubigen Reaktionen, führt zu Gedanken über eine mögliche Annäherung an den Star, »aber beide / wußten wir nicht, was wir machen sollten / denn Graham Bonney war uns so nah«. Sie versetzen sich ganz in die Perspektive zweier Groupies, die, so sehr geblendet vom Glanz ihres Verherrlichten, selbst die erwarteten Handlungen von Fans vergessen; sie fordern noch nicht einmal ein Autogramm von ihm. So vorbereitet kommt nun gleich zwei Mal der Vergleich mit Jesus zum Tragen: »aber / sie erkannten ihn ja nicht, während // er unter ihnen ging bald so wie Jesus / Christus, dachten wir«.

Der erste Jesus-Vergleich spielt mit den Assoziationen seiner Fangemeinde. Denn Bonney ist ein Vertreter der Schlagermusik, deshalb eigentlich eher ein Fall für die ältere Generation, jedenfalls nicht für Brinkmanns Freunde, die über ihn nur lachen können. Insofern ist der Vergleich, der sich über drei Strophen zieht, im einfachen Sinne ironisch:

> [...] und uns tat der
> leid, denn wir dachten, wie traurig es
> sein muß, von so vielen geliebt zu
>
> werden und deswegen extra in so einem
> schwarzen Maßanzug mit einem extra weiten
> Schlag in der Hose herumzulaufen in
> Schuhen mit hohem Absatz, ohne daß man
>
> dann erkannt wird und Zeit hat, nicht mehr
> bloß zu singen für soviel Liebe [...] (St 233)

Am Beispiel dessen, der sich zu Unrecht in ein Kongenialitätsgefühl zu Jesus setzt, zeigt das Gedicht die lächerliche Seite des Starkults. Dann aber kippt das Gedicht. In den letzten drei Strophen folgt zum zweiten Mal der Vergleich. Der Star wird seiner Glorie entzogen, denn solange er nicht singt, wandelt er nicht gottgleich unter uns, sondern kann nur »als so ein Mensch wie du und ich« herumgehen:

> Graham Bonney, mach dir nichts draus, wir
> machen uns schließlich auch nichts mehr
> daraus, daß wir dich so gesehen haben, ohne
>
> mit dir was anfangen zu können als Mensch
> obwohl es ein kompliziertes Gefühl gewesen
> ist für einen Augenblick, als wir dich vor
> uns hatten bald so wie Jesus Christus in so
> nem schwarzen Anzug und dem extra weiten
> Schlag in der Hose. (St 234)

Auch das ist hoch ironisch, aber es geht eben doch nicht ohne die Jesus-Assoziation. Auch die banale Beobachtung des Stars als Menschen kommt nicht ohne die Anspielung auf Jesus Christus aus. Das Ganze hinterlässt ein schales, wenn auch »kompliziertes Gefühl«. Auch wenn dem Gedicht eine »Verdrängung aller Eindrücke, die tiefer reichen« (Hartung 31) bescheinigt werden kann, bleibt in der angedeuteten Verlegenheit das grundlegende Muster sichtbar. Das lyrische Ich, so fiktiv es sein mag, kann nur noch einmal die modischen Accessoires benennen, in denen der Star herumläuft. Die Faszination an der Projektion löst sich nicht auf.

Eine alte Tüte kehrt zurück

Das Thema ist so wichtig, dass Brinkmann seinen Gedichtband *Die Piloten* (1968) mit einem Prosatext beendet, dem *Nachtrag zu dem Gedicht über Graham Bonney etc.* (St 279f.). Darin ist von neurophysiologischen Erinnerungstheorien die Rede, von chemischen »Rückkoppelungen« im Gehirn, die plötzlich wirksam werden wie in der Straßenszene mit dem Star. Mehrfach zitiert Brinkmann in diesem

Nachtrag den Wissenschaftsjournalisten Theo Löbsack mit ganzen Passagen aus seinem Buch (Löbsack 74, 177). Er hatte in populären Büchern der sechziger Jahre darüber berichtet, wie sehr das menschliche Verhalten durch Eingriffe ins Gehirn beeinflussbar und steuerbar geworden sei. Dadurch sei alles Transzendente physiologisch erklärbar und »Gott auch aus diesem Rückzugswinkel verdrängt«. (Löbsack 12) Denn auch alle Erinnerungen sind bloß biochemische Prozesse, wodurch religiöse Wundervorstellungen jede Glaubwürdigkeit verlieren. Löbsack stützt sich auf das berühmte Wort von Rudolf Bultmann, der über die Legende von der Auferstehung gesagt hatte, ein Toter könne nicht wieder lebendig werden und aus dem Grab steigen. Wenn alle menschlichen Erfahrungen ein beliebiges Spiel von Molekülen sind, der liebe Gott von der Biologie abgelöst wurde, rücken alle Erfahrungen der Transzendenz in die Zuständigkeit der Naturwissenschaften. Und sie sind als reversible Prozesse erklärbar. Eine Begegnung mit dem Numinosen wie jeder seelische Vorgang ist so gesehen nur eine wiederkehrende Reaktion, nichts weiter als eine physiologische Begleiterscheinung.

Und dann erzählt der Autor doch die andere Geschichte von einer zufälligen Begegnung mit einem Besucher in einer Bar, der nicht nur aussah »wie Graham Bonney«, sondern sich beim zweiten Hinsehen als der echte herausstellte und sich prompt beim Tanz »durch das Gewoge der Körper an uns vorbei« zwängte (St 280): »Er hat mich angefaßt, sagte meine Frau. Graham Bonney verschwand.« (St 280) Den kurzen ungewollten Körperkontakt stellt der Text wie ein Ritual um einen Heiligen mit einer Berührungsreliquie dar. Selbst durch die ironische Brechung hindurch – Bonney zwinkert ihm später heftig mit den Augen zu – bestätigt der stark reflexive Text die magische Wirkung der Begegnung. Die Bemerkung »Er hat mich angefaßt« ist nicht als Ausruf des Entsetzens bezeichnet, sondern drückt wenn auch widerwillig das Erstaunen aus über den Kontakt mit dem gleichsam Übernatürlichen:

> Geheimnisvoll ist das Leben der Stars, die auf unsichtbaren Stühlen mitten unter uns sitzen, auch wenn sie nur zweite Klasse sind. Die alte Tüte, die weggeworfen worden ist, springt jäh in die Hand zurück. Was macht man dann damit? Ich denke, man behält sie jetzt für immer. (St 280)

Gleich, ob in der Religion oder im Starkult, ganz gleich, in welchem Gewand sie auftritt, irgend eine Anhängerschaft wird immer ihren Messias feiern. Das hält sich hartnäckig und kehrt immer wieder wie die auf magische Weise die Zeit und die Schwerkraft überwindende Zaubertüte. Die doch zugleich nur ein billiger Konsumartikel ist. Auch wenn wir hinnehmen, dass religiöse Gefühle als eine spezielle Art von Emotionen nicht existieren (William James), so zeigt das Bild von der alten Tüte, dass Brinkmann sehr wohl um die Wiederkehr des Religiösen wusste. Nicht alle Lebensvorgänge folgen den Gesetzen der Physik und Chemie. Das achtlos Weggeworfene kehrt an anderer Stelle zurück. Unser Gehirn ist offensichtlich auf solche Volten trainiert. Gedicht und Nachtrag in Prosa wenden die Ostergeschichte nach dem Lukas-Evangelium produktiv an. Beide dargestellten Erscheinungen folgen demselben Muster der doppelten Begegnung, und erst beim zweiten Mal gelingt die Wiedererkennung. Graham Bonney steht natürlich auch exemplarisch für die damals aktuelle Fankultur.

Beat als solcher erfüllte schon die Aufgabe, gegen die Religiosität der Elterngeneration etwas Neues zu setzen (Farin 34). Aber erst die Ära der Superstars machte aus den Musikern Kultfiguren, erhob den Star zur religiösen Chiffre. Seit den legendären Auftritten der *Beatles* und der nach ihnen benannten Beatlemania sind die Folgen notorisch, die Verzückung und Ekstase der Fans, wie sie bis dahin nur aus archaischen religiösen Kulturen bekannt waren (Hoffmann 27). Masseneuphorie und hysterische Zustände beim Anblick der Stars rund um die Live-Auftritte galten auch den von Brinkmann verherrlichten Musikern wie Jimi Hendrix oder Jim Morrison, dem Frontmann der *Doors*, einer seiner Lieblingsbands. Zahllos sind die Rock-Legenden und Leinwand-Göttinnen. Ihre Strategien der Selbstdarstellung, ihre mysteriösen Verschleierungen von Details der Herkunft, ihr Spiel mit der messianischen Rolle und ihre Verquickung mit der erotischen Provokation, alle diese Strategien hatten zu Brinkmanns Zeit noch lange nicht ihren Siegeszug vollendet. Die Anthologie *Silverscreen* dokumentiert das Phänomen am Beispiel der Filmstars mit einer Folge von ganzseitigen Abbildungen aus Standbildern (Vivien Leigh, Jayne Mansfield, Jean Harlow, Marilyn Monroe, Johnny Weissmuller als »Tarzan«). Den Band beschließt dann ein Foto von Elvis Presley im Lederanzug am Mikrofon. Durchaus programmatisch, denn die weltweite Wirkung des Stars bewirken die medial verbreiteten Bilder. Und Elvis verkörperte neben den Beatles diesen Kult um das Idol schlechthin.

Diese Selbstvergötterung des Stars brachte Jimi Hendrix auf die Formel. Er bezeichnete bei einem Auftritt 1969 die Musik als seine Religion. Er war überzeugt, alles was einer sei und tue, das sei auch seine Religion. Für Hendrix war seine Musik »Electric Church Music«, damit war sie der gleichwertige Ersatz für Religion. Die Schlagermusik eines Graham Bonney erfüllt nun bei Brinkmann alle Bedingungen für den Trivialmythos in der Mitte des zwanzigsten Jahrhunderts. Sie bietet für ein begrenztes Publikum jene Stimulanzien, die über seinen Alltag hinweg helfen. In einem Beitrag zu dem von Brinkmanns Lektorin Renate

Matthaei herausgegebenen Band *Trivialmythen* aus dem Jahr 1970 hat Uwe Nettelbeck auf über zwanzig Seiten eine Liste seiner Langspielplatten mitgeteilt, die einen erschöpfenden Eindruck vermittelt vom ganzen Ausmaß, das die Verehrung erreicht hatte. Man kann sie als ebenso einfachen wie klaren Hinweis auf die tiefsitzenden metaphysischen Bedürfnisse lesen. Selbst wenn man einschränkend konstatiert, dass die Popmusik nur situativ wirkte oder bloß eine Verschönerung der durchrationalisierten Welt erbrachte, so wird man das spirituelle Potential der Musik nicht übersehen, wie heute theologische Forschungen bestätigen (Fermor 48 und 59–77, Schwarze 123 ff.).

Es bleibt wahr: Auch ein Trash-Mythos ist ein Mythos. Auch ein Talmi-Mythos kann spirituelle Bedürfnisse befriedigen. Und bei Brinkmann findet dessen ironische Variante im *Graham Bonney*-Gedicht später eine Korrektur im *Liz Taylor*-Gedicht mit einer Ergänzung zum Thema Idol, von der noch zu sprechen sein wird. »Schreiben ist kein Ersatz für eine Anwesenheit« (RB 83) – der nüchterne Satz spricht von einer Enttäuschung, zeigt aber den Kontext, aus dem solche Gedanken kommen. Alle Bemühungen auf der ersten Ebene der (wieder) hergestellten Gegenwart betreffen eine zeitgemäße Suche nach Realpräsenz.

4 Präsenz II

Neben den einfachen Präsenzen, die wiedererkennbar auf der inhaltlichen Ebene angesiedelt sind, bieten die Texte Brinkmanns auch Ausblicke auf eine höhere Ebene, die durch den Sprung aus dem im Alltag nicht bezweifelten Wissen hinaus gekennzeichnet ist. Hier müssen wir von der Ebene der Darstellung gesicherter Inhalte oder Motive abstrahieren und uns mit der Art und Weise ihres Erscheinens im Text befassen. Das Grundproblem aller Behauptungen einer Anwesenheit ist die Annahme, man könne direkt auf die Wirklichkeit zugehen. Aber anwesend ist nie irgendein Besonderes, ein markantes Ding, ein Objekt oder etwas Konkretes wie eine Oberfläche, sondern präsent ist in der Darstellung, besonders der künstlerischen, immer die jeweilige Wirklichkeitsordnung, in die das Objekt eingereiht ist. Am Beispiel des Theaters: Was auf der Bühne erscheint, kann dies oder jenes sein, aber nur in welchem Sinnzusammenhang es dasteht, ist entscheidend. Man zeigt also die geschaffene Welt im Ganzen, die hergestellte, künstliche Welt als die tragende Säule einer Erfahrung. Maßgeblich ist die im weitesten Verständnis symbolische Sinngebung, durch die hindurch alles andere erst sichtbar werden kann.

Gerade bei Autoren wie Brinkmann, die sehr sinnlich und konkret schreiben, kursiert gerne ein vom Autor unterstütztes Missverständnis unter den Lesern. Nicht das ›wahre‹ Ding, die ›reale‹ Wirklichkeit ist uns in solchen Texten zugänglich, der Autor könnte das gar nicht bieten, sondern nur das jeweilige Erfassungsorgan, welches die Dinge ans Licht beförderte. Konkret und direkt ist nur der Akt ihres Vorzeigens, bezogen auf ihre Qualität handelt es sich wie in allen anderen Fällen auch ausschließlich um sprachliche Zeichen. Die Aussage in einem Gedicht: »ich gehe in ein / anderes Blau« (Ww 41) öffnet, weil sie ohne

Erklärung bleibt, den Ausblick in eine ganz besondere, unbekannte Welt, die von unserem gewöhnlichen Rezeptwissen und unserer Erwartung an Farben scharf getrennt sein kann oder ist. Was genau ist ein »anderes Blau«? Dieses nicht bezeichnete »andere« irritiert die Alltagsgewissheit und erfordert ein erweitertes Denken, wenn es akzeptabel sein soll. Jetzt müssen wir uns für eine Erfahrung öffnen, die der tägliche Lebenslauf nicht unbedingt bietet. Damit ist die Annäherung an etwas Transzendentes oder die Spekulation auf etwas Höheres, selbst auf eine religiöse Erfahrung mindestens nicht ausgeschlossen.

Das Blau ist ein gutes Beispiel. Einer seiner Gewährsmänner, Jean Cocteau, reflektiert das Problem in einem »poème en prose« über *Le secret du bleu*. Dort steht das Blau für die leuchtend geheimnisvolle Farbe:

> Das Geheimnis des Blaus ist wohlbewacht. Das Blau kommt von dort unten. Unterwegs verhärtet es sich nach und nach und verwandelt sich in Gebirge. [...] In Wirklichkeit weiß man nichts. Man spricht von Preußischblau. [...] Aber hier ist alles Mysterium. Mysterium der Saphir, Mysterium die Heilige Jungfrau, Mysterium der Siphon, Mysterium der Kragen des Matrosen, Mysterium die blauen Strahlen, die blind machen, und dein blaues Auge, das mein Herz durchquert. (Cocteau 1959, 51)

Blau, die Farbe mit dem direkten Himmelskontakt, zerfließt ins Überirdische, ruft den Menschen ins Unendliche, ist deshalb in der gegenstandlosen Kunst die Farbe der Transzendenz. Solche Grenzübergänge zwischen dem Ästhetischen und dem Religiösen, solche Grenzübertritte aus dem Bekannten ins Unbekannte, aus der Kunst in Nicht-Kunst und zurück treffen wir bei Brinkmann ständig an. Er spielt mit unserem Wissen um ihre Bedeutungen, er aktiviert mit solchen Zeichen und Winken unsere Kenntnis religiöser Sprache und Erfahrung. Und stellt uns vor Rätsel, weil wir nicht genau wissen, wie damit umzugehen sei. Die Umstellungen in unseren Erwartungen können noch als die geringeren Anforderungen gelten, die Konfrontation mit schockierenden Bildern oder Ausdrücken verlangt schon mehr.

Beleuchtung und Ausdruck: Prägnante Oberflächen

Und je kürzer oder scheinbar prägnanter ein Text die Aussagen setzt, umso größer ist der Raum, den die Reminiszenzen einnehmen. Im Gedicht *Schlesingers Film* (St 121) und in den *Briefen an Hartmut* begegnet uns dieselbe Formel: Alles sei eine Frage der Beleuchtung. Dem Beschwören der Oberflächen alleine misstraut Brinkmann durchaus. Seine Phänomenologie trägt eben auch skeptische Züge. Der Film (Schlesingers Film *Darling* spielt im Gedicht keine Rolle, er ist nur titelgebend) mit seiner aufwändigen Technik der Schaffung von Bildern, die wie real wirken, ist für Brinkmann das beste Modell für die Funktionsweise der menschlichen Wahrnehmung. Genau wie das zuvor gedruckte Gedicht mit dem generischen Titel *Film* arbeitet auch *Schlesingers Film* mit der mehrfachen Bedeutung des Begriffs. Entweder ist ein bestimmter Film gemeint oder das Medium als solches, wenn nicht das Gedicht selber mit dem Medienwechsel arbeitet, also inhärent ›wie ein Film ablaufen‹ will und außerdem den Begriff metaphorisch als Bezeichnung für Vorgänge im Bewusstsein einsetzt.

Wenn das Kino im Kopf als Bild für die Medialität des Menschen ständig mitzudenken ist, wird jede Verwendung der Assoziation mehrschichtig. In seinen *Briefen an Hartmut* erklärt Brinkmann dann, wie menschliche Wahrnehmung funktioniert. An einem einfachen Experiment, wie es das Gedicht sein will, erläutert er den Vorgang, an dem äußere Einflüsse genauso beteiligt sind wie mentale Prozesse. Brinkmann abstrahiert aus dem Gedicht *Schlesingers Film* das Zusammenwirken von (äußeren) Medien mit inneren:

> Das Gedicht ist ein Reflex auf die Manipulation der Gefühle durch Beleuchtungstechnik. Alles ist eben eine Frage der Beleuchtung, also wie man das sieht, wie man das Licht rückt und wie das Licht, die Beleuchtung (auch durch Gedanken) die Stimmung und den Bewußtseinsinhalt bestimmt. Dagegen ist Glücklichsein aber wohl was anderes, oder? Und trotzdem, kommt drauf an, wie man das eben sieht und beleuchtet (Beleuchtet mit den Gedanken?) (BrH 51)

Brinkmann verweist auf die Umgangssprache, die das Thema auch schon transportiert. »Mir geht ein Licht auf« sagt schon recht genau, worum es geht. Im Kern bestätigt Brinkmann damit auch die Wahrnehmungstheorie des Phänomenologen Ernst Cassirer. Der Philosoph beschreibt ausführlich, wie die Bildung von Prägnanz vor sich geht. Demnach kann der Mensch nicht ohne Sinn und Verstand wahrnehmen. Wir können die Wirklichkeit nicht umstandslos erkennen. Wir sind dazu verdammt, etwas in sie hineinzulegen, in ihr etwas zu sehen. Wir müssen sie geradezu zwanghaft mit unseren vorhandenen Kenntnissen und Erfahrungen verbinden. Selbst den Linienzug, den bloßen Strich auf einer Ebene können wir nicht als das nehmen, was er ist. Sofort regen sich die Fragen, wie, wozu, warum er da ist, was er soll usw. Cassirers Beispiel vom Betrachten der Linie erklärt eindringlich, wozu wir in der Lage sind, es zeigt aber eben auch nachdrücklich, was wir nicht können, wozu wir nicht geschaffen sind. Wir können dem symbolischen Universum, in dem wir uns bewegen müssen, nicht entfliehen (Cassirer 50).

Deshalb geht die Suche nach der »bloßen« Oberfläche in die Irre. Die Oberfläche ist nicht unmittelbar gegeben. Prinzipiell nicht. Wir kennen sie nicht, bevor sie die Werke für uns entdecken (Cassirer 242). Wir können nicht einfach etwas ausstellen, »wie es ist«. Schon die Tatsache, dass es sich um eine Ausstellung handelt, spricht dagegen. Es braucht den Akt der Ausstellung. Und sie ist reine Behauptung. Sie ist Ausdruck und damit schon Deutung, ein Herausheben von etwas, das sonst nicht so dastünde. Schon das Wort »Oberfläche« passt nicht zu unserem Sehapparat. Wir sehen ja nicht bloß Oberflächen, sondern auch ihr räumliches Umfeld. Und wir sehen nie alles, was uns begegnet. Ein Gemälde aber repräsentiert ein Stück Welt auf einer Oberfläche. Und ein Film gleichfalls. Dieses Stück Welt ist schon dadurch auf besondere Weise geformt und zugerichtet. Man kann auch sagen, mit Bedacht und Bedeutung versehen:

> Sie waren
> im Anfang
> zu glück-
> lich. Etwas
>
> weniger, wäre
> schon zuviel.
> Auch da.
> Alles ist
>
> eine Frage der
> Beleuchtung. (St 121)

Brinkmanns Gedicht *Schlesingers Film* will genau diesen Zwiespalt zeigen. Am Innersten, den Gefühlen zwischen zwei Personen, erklärt es eine Unmöglichkeit. Die beiden Personen entkommen dem gegenseitigen Hochrechnen nicht. Sie können nicht anders, als ständig zu verstehen, oder sie denken aneinander vorbei. Der schmale Grat des Glücks hängt exakt von der Balance in der gegenseitigen Wahrnehmung der Beteiligten ab. Sie deuten wechselseitig ihre Gefühle, sie schätzen einander ein, sie wägen ihre Haltungen ab und ziehen daraus Schlüsse. Zu viel und zu wenig sind dabei genauso wichtig wie beim Ausleuchten eines Objektes mit einem Gerät. Noch schwieriger wird die Lage, wenn die Äußerungen im Gedicht nicht als Gedankenwiedergabe durch eine Stimme aus dem Off, sondern als Kommentar eines Filmzuschauers über das Gesehene genommen werden. Ganz bewusst hält das Gedicht die Entscheidung darüber in der Schwebe.

Das Gedicht erklärt also auch etwas Grundsätzliches. In Bezug auf Brinkmanns Weltverständnis. Und wenn da ständig vom angeblich ungetrübten Realismus die Rede ist, zu dem er vordringen wollte, so kann damit nur ein Missverständnis gemeint sein. Die reine Oberfläche existiert nicht, sie kann auch nicht im Gedicht wiederholt werden. Vielmehr geht es um das Beschwören. In der Kunst kann etwas durch Ausdruck erscheinen, aufscheinen, was sonst nicht existiert. Die »Beleuchtung«, sie ist nur ein anderes Wort für Ausdruck, wirft den rechten Schein auf die Dinge, aber es ist eben ein Licht, das aus einem bestimmten Blickwinkel darauf fällt. Und das Licht bringt diese Perspektive mit. Der vorgebliche Realismus der Oberfläche, anscheinend ganz ohne Zutat, beschwört eine Wirklichkeit herauf, die nirgends sichtbar ist. Er zeigt eine verborgene Realität, bringt sie heraus und stellt sie in so grelles Licht, dass wir sie allererst sehen und – ganz wichtig – im nächsten Schritt für ›wahr‹ nehmen können. Und darauf kommt es an: Dass wir etwas ›für‹ etwas nehmen. Ganz gleich, was es ist oder sein möchte. Damit wir also in der Kunst, besser mithilfe der Kunst, überhaupt etwas erkennen, muss die Kunst den Gegenstand so darstellen, dass Unwichtiges weg bleibt, Wichtiges überdeutlich da steht. Brinkmann leuchtet die Wirklichkeit so aus, dass sie uns als ›reine‹, als ›bloße‹ Realität erscheint. Auch das noch so Banale gewinnt durch seine Beschwörung erheblich an Gewicht und kommt uns plötzlich bedeutend vor.

Gegenwart unter Glas: Oberfläche mit Tiefe

Wie kein anderer Künstler verwendete Joseph Beuys organisches Material in seinen Kunstwerken, stellte verweste Tiere aus, nahm angeschimmelte Würste, Brot, Schokolade und machte Filz zum Markenzeichen seiner »sozialen Plastik«. In seinem Gedicht *Unter Glas* (St 353) setzt sich Brinkmann mit den Voraussetzungen solcher Kunst auseinander. Auf den Umgang mit dem Objekt kommt es an. Der erste Teil des Gedichts sagt, »Herr Joseph Beuys, // Künstler« würde totes Material auswählen, er »schneidet sich die Fingernägel und trägt sie // zu einer Ausstellung«, wo jeder sie »unter Glas« betrachten könne. Dieses Verfahren moderner Kunst, die objektal arbeitet und Einfaches zur Kunst erhebt (seit Beginn des 20. Jahrhunderts), kommentiert das Gedicht in einem zweiten Schritt mit einem an Brecht erinnernden Experiment: »Wie wäre es, wenn …« Des Künstlers Hand solle doch einem Hund öffentlich »Hundefutter« hinhalten, dabei den schwarzen Filzhut ziehen, grüßen »und // der Hund verreckt« (St 353). Die überraschende Wendung am Schluss macht die Bedeutung der Performance in der Übertreibung klar. Der künstlerische Akt tötet in jedem Fall. Entweder stellt die künstlerische Aktion mortifiziertes Material aus, die eigenen, vom lebenden Körper abgetrennten

»Fingernägel«, oder sie bringt das lebende Tier, den Hund, in der Performance um. Das »Hundefutter«, das uns die Kunst hinhält, ist unbekömmlich. Egal wie: Beuys stellt die Gegenwart »unter Glas«, er betreibt (lediglich?) eine Mortifikation des Materials, indem er sie umstandslos zur Kunst ernennt. Werden die Gegenstände nicht in den richtigen Kontext versetzt, nicht angemessen vorgezeigt, genügen sie dem künstlerischen Anspruch nicht.

Dass Brinkmann hier der Kunst von Beuys nicht gerecht wird, spielt keine Rolle. Das Gedicht spricht am Beispiel des (beneideten?) medienwirksamen Auftritts von der Umwertung der Gegenstände im Kontext ihrer künstlerischen Behandlung und von der Schwierigkeit, Kunst und Leben in Einklang zu bringen. Beuys machte den Künstler so sehr zur Sensation, dass er als Seher und Mythenträger noch dem formlosesten Material seinen Stempel aufdrücken konnte (Crow 136–139). Während die Bewahrung oder Freisetzung des Lebens in der Kunst gerade bei der »sozialen Plastik« des Joseph Beuys nicht überzeugen könne (eben weil sie bloß den Skandal suche), zeigt ein anderes Gedicht, worauf es ankommt. *Das weiße Bettlaken ist vor dem Fenster* (St 305) geht in der Behandlung des alltäglichen Gegenstands noch weiter. Der Text spricht von »Geheimnissen«, die sich auf das vergleichsweise konkrete »Bettlaken« übertragen.

Wieder ist von einem ganz einfachen Akt die Rede. Der Text beginnt mit Überlegungen unmittelbar vor dem Heraushängen eines Bettlakens und dem Ende des Gedankengangs, den der präsentische Titel angibt. Am Ende spannt einer das Laken vor das Fenster. Handlungssequenzen und Modalitäten strukturieren den Text und umgeben das unscheinbare Objekt mit einem Faszinosum: »Nachdem Sie alle Geheimnisse« kennen [...], »denken Sie zuletzt daran«, [...] »welche Möglichkeiten es gibt«, »daß es Zeit ist«, »überrascht sie«, der »Geruch« ist »verschwunden«, etwas

Gesuchtes »bleibt aus«. Und »mit diesem kleinen häßlichen Gefühl / nehmen Sie das Bettlaken, das übriggeblieben ist«. In den ersten beiden Strophen ist jeweils im ersten Vers von »Geheimnissen« die Rede, über die der Leser aber genauso wenig erfährt wie darüber, was der Sprecher vergeblich gesucht hatte.

Das Gedicht verblüfft durch diesen Umschlag des völlig Belanglosen in eine der Darstellung würdige Handlung. Es geschieht durch Stigmatisierung, die ein oberflächliches Tun überformt. Die fortgesetzte Hervorhebung der Prozedur um das ungemachte Bett im morgendlichen Schlafzimmer umgibt das Bettlaken mit einer Auszeichnung. Plötzlich, isoliert, herangeholt und absolut gesetzt entsteht eine Handlung, der etwas Verborgenes vorausgeht. Eine Banalität mit Bedeutung. Solches Verfahren tritt gern mit dem Anspruch auf, nur und nichts als die nackte Wahrheit zu zeigen. Tatsächlich geht dem Ganzen eine Störung voraus. Ein Teil der Wirklichkeit wird mit einem Stigma versehen. Diese »Technik der eingestreuten Störelemente« (Blumenberg 216f.) gehört zur Rhetorik der angeblich ohne Hintergrund arbeitenden Wiedergabe bloßer Realität. Sie, die Realität, soll als das schlechthin Unverfügbare dastehen. Was sie aber nicht ist. Und ebenso wenig verzichtet der Text auf alles Assoziative, Anspielungen oder Reminiszenzen.

Man beachte alleine die semantischen Deutungsangebote für das »weiße« Laken (Reinheit, Jungfräulichkeit, Zeichen einer präventiven Kapitulation). Das Aufladen mit Bedeutung verschafft dem Gegenstand einen nahezu erhabenen, spirituellen Wert. Wenigstens ist das nicht ausgeschlossen. Spirituelle Assoziationen sind ein Element der Sicht, in der das Bezeichnete lebt und atmet. Die Eingliederung des Wortes »weiß«, welches ja nur im Titel des Gedichts vorkommt, in einen neuen Kontext erfolgt mit einem Schlag, sobald das Bezeichnete in die Nähe einer neuen Konfiguration gerät.

Beim Lesen vollführen wir den Sprung in eine naheliegende Bedeutung und versetzen das Wort in eine andere Atmosphäre. Ganz wörtlich wird so aus der Oberfläche (»Laken«) ein transzendierendes Objekt, an dem das Gedicht die Möglichkeiten des Umgangs mit einer beschreibbaren Fläche (»weiße«) demonstrieren kann.

Tatsächlich produziert der Text immerzu Sinnbilder, wo doch angeblich keine sein sollen, getreu der Maxime: »Reale Gegebenheiten und Vorstellungen sind nicht voneinander ablösbar.« (FW 210) Im unmittelbaren Umfeld dieser Lyrik, in den *Anmerkungen zu meinem Gedicht Vanille*, hat Brinkmann mit einem Paradox erklärt, warum ihn gewöhnliche Dinge so sehr anziehen:

> *Ich finde gewöhnliche Sachen schön, weil sie nichts bedeuten, und daß sie nichts bedeuten, ist ihre Tiefe* – je weniger »etwas« Bedeutung hat, desto mehr ist es »es selbst« und damit Oberfläche, und *allein Oberflächen, wie jeder weiß, sind »tief«!* Es ist eine Tiefe, für die bisher geltende literarische Kategorien nicht mehr zutreffen. (Mammut 142)

Auffällig ist hier aber schon, in welchem Umfeld solche Äußerungen fallen und mit welchen Beispielen der Essay aufwartet. Es sind Marcel Duchamps Readymades und Andy Warhols Artefakte, über die gleich zu sprechen sein wird (Mammut 125, 119, 121, 144). Im Unterschied zu dieser Moderne, so behauptet Brinkmann, sei sein eigenes Verfahren anders. Wichtig sei nämlich die *»psychische Dimension dessen, der das »vorgefundene Gedicht« entdeckt hat«* (Mammut 143). Das ist als pauschale Aussage nicht ausreichend, denn man sieht diese Dimension den Kunstwerken nicht unbedingt an. Außerdem beseitigen solche Ansichten geltende Interpretationskategorien nicht, sondern bestätigen sie. In der paradoxen Formel von der Oberfläche mit Tiefe liegt das Problem offen zutage. Selbst wenn die Formel stimmt, existiert die Oberfläche nicht für sich, nie, sondern nur in Verbindung mit subjektiven Empfindungen (welchen auch immer). Eine Kunst, die Dinge wie unterschiedslos anzuschauen, gibt ihre Vereinzelung, Ortlosigkeit, ihre bloße Existenz ohne Umfeld dem Betrachter preis. Aber die Art ihrer Betrachtung lässt sie so erscheinen wie sie sonst nicht sind. Das erzeugt die gesuchte poetische Wirkung und verleiht ihnen den besonderen Status.

Hunger nach Schönheit. Hingabe und Sucht

Die scheinbar eindringliche Formel von der Oberfläche mit Tiefe darf man nicht losgelöst betrachten von korrelierenden Äußerungen, die das künstlerische Vorgehen ergänzen. Der Akt des Isolierens von Objekten verfolgt über Marcel Duchamps hinaus (der sie einfach in den neuen Kontext Museum versetzte) bei Brinkmann nämlich noch weitere Zwecke. In seiner Rezension *Spiritual Addiction. Zu William Seward Burrough's Roman Nova Express* von 1971 stellt er die Schreibmethode des Amerikaners als Muster für die eigene Produktion auf. Wie bei Burroughs gehe es auch bei ihm um den »Kampf« gegen die »spiritual addiction« (FW 205). Ein Kampf, der sich im menschlichen Körper abspiele.

Der Zusammenhang von Hingabe und Sucht erscheint am deutlichsten im »Verbalisierungsprozeß« (FW 205), den es zu stoppen gelte. Im ersten Schritt dominiert also die Negativität. Konsequent müsse man Assoziationen oder Konnotationen beseitigen, geradezu lernen, »Bilder zu denken ohne Wörter« (FW 205). Burroughs habe bewiesen, wie man ohne »Gott-Gerede, Land-Gerede, Mutter-

Gerede, Liebe-Gerede, Partei-Gerede« viel besser dichten könne (FW 206). Brinkmann propagiert eine Kunst ohne »den alten verbalen Müll« (FW 206). Kunst als Befreiung der Dinge aus dem Alltag mache sie schön und eröffne ein Betätigungsfeld für Aufmerksamkeit, Interesse, Bewegung, kurz: für Hingabe, für Intensität, die unserem gewohnten Leben fehlt. So die idealische Welt der neuen, wahrhaft gegenwärtigen Literatur.

Mehrere Essays feiern die amerikanischen Vorbilder wie Erlösergestalten der Literatur. Gleich ob Frank O'Hara oder William S. Burroughs, beim Lesen der Lobreden kann man sich des Eindrucks nicht erwehren, von jedem dieser Vorbilder habe Brinkmann sich mehr als die Lösung literarischer Fragen erhofft. Deutlich wird das bei der fast kultischen Verehrung, die Brinkmann O'Hara entgegenbringt. Sie mündet in die Übersetzung seiner *Lunch Poems*.

Dem gefeierten New Yorker, er ist die Inkarnation des Großstadtpoeten, gelinge es mit höchster Sensibilität, »unmittelbare Präsenz« zu erreichen (FW 215), indem er in seinen Gedichten ungezwungen, auf ungewohnte Weise die Dinge alleine auf ihrer Oberfläche präsentiere und es meisterhaft verstehe, unserem »Appetit nach mehr konkretem Leben Ausdruck zu geben« (FW 214). Brinkmann zitiert die zutreffende Charakteristik über die Methode, alles und jedes ins Gedicht aufzunehmen:

> […] ein Vorgang, den Bill Berkson erklärt als *den uralten magischen Brauch, Namen zu nennen und Ihre Freunde auf einem Blatt Papier geheiligt zu sehen* – und dann immer wieder die Augenblicke der Mittagspause, wo O'Hara noch schnell ein Gedicht schreibt (FW 217)

Die Magie liegt im geschickten Umgang mit den Dingen. O'Hara betreibe »keine haltlose Exotik des Alltags«

(FW 215), sondern schaffe eine eigene Wirklichkeit, die den Bezug zur Realität nie verloren habe:

> Vorgegebene Muster werden nur so lange gebraucht, wie sie noch in der Lage sind, Aktualitäten, ein zeitgenössisches Empfinden aufzunehmen und zu verdeutlichen. So kann es auch nicht zu einer Sakralisierung der bloßen Form kommen. (FW 209f.)

Hellsichtig benennt Brinkmann die Grenze, das Abgleiten in ein Formspiel. Dennoch erhöhen die Texte die Bezüge auf Aktualitäten: »Alle Momente sind gleichwertig, und ohne weiteres kann man sagen: banal, oberflächlich, also tief.« (FW 210)

Alle Bestimmungen in den Essays – man könnte sie leicht vervollständigen – umkreisen konkrete Zwecke. Sie folgen klaren ästhetischen Strategien mit Konsequenzen, die über das Kunstwerk hinausreichen. Erstens folgen sie Strategien der Heilung durch die Wiederherstellung von Schönheit, zweitens stützen sie Praktiken der Erlösung in einer befreiten Realität und drittens bieten sie Verheißungen einer Erhöhung des Individuums über eine zerstörte Welt.

Gleich die erste Strategie belegt sehr klar das höhere Ziel. Die Gedichte sollen die Schönheit inmitten des uns umgebenden zerstörerischen Lebens herausarbeiten. Wir sehen die Schönheit gar nicht mehr. Die *Notizen 1969* zur Anthologie *Silverscreen* sprechen unumwunden von diesem Projekt:

> Die alltäglichen Dinge werden vielmehr aus ihrem miesen, muffigen Kontext herausgenommen,
> sie werden der gängigen Interpretation entzogen, und plötzlich sehen wir, wie schön sie sind ... (FW 251)

Das kann man Re-Auratisierung oder besser Spiritualisierung des Alltags nennen. Meist sind Funktionszusammenhänge gemeint, denen Brinkmann die Dinge entreißen möchte. Sie dienen nicht mehr, sie sind nicht mehr zur Hand, sondern stehen für sich. Weil sie das aber gar nicht können, muss Brinkmann sie unmittelbar wieder einem neuen Zusammenhang einfügen. Das Für-sich-Sein der Dinge ist nicht zu haben ohne Zuweisung zu einem weiteren Kontext, der alleine schon in der Abgrenzung entsteht. Schönheit besteht in der Relation zum Hässlichen. Zudem schließt die Kategorie Schönheit ihrerseits wieder andere Hintergründe ein, wie die weiteren Bestimmungen schnell zeigen:

> Eine Empfindlichkeit weist sich aus, die ohne die aus anerzogenen Skrupeln zusammengesetzten Vorurteile »Literatur als Kunst« die momentan sich anbietenden Dinge und Szenen wie zum ersten Mal aufnimmt, wobei anzumerken ist, daß ein derartiger Blick keineswegs auf vertraute funktionale Zusammenhänge gerichtet ist, vielmehr auf die eigene Perspektive des Autors verweist, – es ist der letzte Blick, der wieder der erste ist, weil er nicht verleugnet, daß, was immer er sammelt, *Oberfläche* ist, jetzt und jetzt und jetzt und jetzt ... wir leben in der Oberfläche von Bildern, ergeben diese Oberfläche, auf der Rückseite ist nichts – sie ist leer. (FW 215)

Fast schwärmerisch klingen die Attribute für O'Hara. Seine Gedichte seien tänzerisch, frisch, konkret, ihre »beharrliche Zärtlichkeit« (FW 219) überwältigt Brinkmann. Diese Attribute feiern Ursprünglichkeitsmomente bei einem Lyriker, der angeblich die Dinge wie zum ersten Mal zeigt. Und dieser »erste« soll wie »der letzte Blick« (FW 215) sein – ein Wahrnehmungstrick, der, wenn er nicht bloß behauptet werden kann, nur einem Magier oder Propheten gelingen mag. Freilich: Auch das ist nicht das letzte Wort.

Die Schwierigkeit: Brinkmanns Erklärungen leben von der ständigen Verschiebung von Bestimmungen. Die zweite hinter der Wiederherstellung von Schönheit stehende Strategie verspricht Praktiken der Erlösung aus dem »miesen, muffigen Kontext« (FW 251), der natürlich nicht bloß die Dinge, sondern uns selbst gefangen hält. Und er geht noch weiter, denn in der genannten, einzig richtigen künstlerischen Behandlung der Dinge drücke sich »ein winziges Partikelchen tatsächlich befreiter Realität aus« (FW 216). Allerdings ist eine befreite Realität ein höchster Wert, den auch viele Heilslehren ansteuern, und das Versprechen ist schon als ästhetisches im Grunde immer mit Vorsicht zu genießen. Befreiung wovon und worauf hin? So darf man fragen – freilich ohne Antwort zu bekommen.

Eine denkbare Antwort bietet die dritte Strategie. Die gesamte neue Ästhetik bietet Verheißungen der Erhöhung für das Individuum. Die Texte kämpfen für die Wiedereinsetzung seiner Würde »gegen das Auslöschen des Einzelnen in dem alltäglichen Terror« (FW 251). Der »winzige, aber überall verteilte Terror wird zersetzt, *das konkrete Detail befreit.*« Und so erst finden die Dinge zu sich selber: »Jetzt ist es ein Mädchen, das lächelt.« (FW 251) Hier, in der dem wertenden Anspruch (was alles ist Terror?) genügenden Darstellung, ist von politischen und sozialen Kategorien die Rede, das ästhetische Projekt mündet geradewegs in Existenzialien. Gerade überschießende Zwecke hatten die Bestimmungen zur Oberfläche soeben geleugnet und doch führen sie hinterrücks außerkünstlerische Motivationen wieder ein.

Die Verschiebungen oder Verschränkungen der Bestimmungen haben zu tun mit einem grundsätzlichen Problem negativer Beschreibungen. Man kann sie die »Magie der Negativität« nennen (Blumenberg 110). Allen Formeln dieser Art ist zu eigen, dass sie behaupten, durch das Wegschaffen des Falschen müsse das Wahre und Richtige zutage kommen. Man brauche nur die Bedingungen dafür zu bereiten, dann werde sich das Richtige von selbst einstellen. Brinkmann erliegt wie viele andere seiner Generation dieser verführerischen Hoffnung. Aber die Schönheit der Dinge entsteht nicht nur durch Isolierung und Heraushebung oder Vergrößerung, sondern vor allem dadurch, dass sie erwählt werden. Der Künstler hält sie einer außergewöhnlichen Anrufung für würdig – gerade weil sie so unauffällig sind, weil sie missachtet werden.

Man lasse sich nicht täuschen: Dieser Diener der Dinge steht im Dienst eines größeren Ganzen. Er redet der Sehnsucht das Wort, der Sehnsucht nach dem vollkommeneren, dem eigentlichen Dasein, was immer das sei. Er sagt es eben nicht. Jedenfalls ist die Oberfläche nicht einfach nur »leer«, nicht einfach nur nichts, sondern hinter dieser Ästhetik der Überraschung stehen sehr konkrete Erwartungen. Hoffnungen, ausgehend von einer direkten Wirkung auf Leser:

> Angestrebt wird das von den jüngeren Autoren durch eine Kombination aus profanisierten Stilisierungen und der Hereinnahme eines Materials, das zu der verwendeten Stilisierung nicht paßt, aber gerade dadurch »paßt«: Zufälligkeiten, Kombinationen aus dem Augenblick, Abfall, Gelegenheiten [...] permanente Mutation. (FW 238)

Die Magie der Negativität erstreckt sich auf alle Realismen. Burroughs schockiert mit seiner »dirty speech«, Brinkmann stört mit unflätigen Wörtern die Erwartungen. O'Hara verblüfft mit dem »Avocadosalat am Morgen« (FW 215) oder skatologischen Ausrufen (FW 216).

Realismus ist eine Darstellung mit Brechungen. Sein Slogan: Stören mit System. Alleine die genannten Zwecke widerlegen die These von einer absichtslosen und bedeutungsfreien Oberflächenästhetik. Sie kommt gerade in ihrer Negativität nicht ohne ontologische Vorannahmen aus. Sie versucht lediglich, eine falsche durch eine wahre Ontologie zu ersetzen. Umgekehrt: Die Ästhetisierung von sogenannten Oberflächen mit Tiefe führt immanent genau das mit sich, was sie unter allen Umständen ausschließen möchte: ein Konzept der Re-Sakralisierung moderner Welten.

Beschworene Präsenz

Gegenwart, das Gerade, Eben, Jetzt ruft Brinkmann so häufig an, dass man fragen muss: Steckt noch etwas anderes hinter der permanent wiederholten Anrufung dieser Präsenz? Und was? Die Frage führt zurück zu Andy Warhol, der die Anregung zu der Formel »Oberfläche mit Tiefe« gegeben hat. Brinkmann zitiert Warhol, er übernimmt seinen Begriff »surface« und beruft sich im Essay *Der Film in Worten* auf sein Verfahren. Während Warhol in einem *Statement 1967* behauptete, er betrachte immer nur die Oberfläche der Dinge wie in einer Art »geistiger Blindenschrift« (»mental Braille«) und lasse einfach seine Hände über die Oberfläche der Dinge gleiten:

> I see everything that way, the surface of things, a kind of mental Braille. I just pass my hands over the surface of things. (Stiles 340),

kommentiert Brinkmann das wie folgt:

> Es ist nur Glätte … die Oberfläche eines Bildes wie die Glätte einer Haut, über die Fingerspitzen zärtlich hinweg tasten, um deutlich zu machen, daß man wieder

Ringe trägt – und Elizabeth Taylor ist Elizabeth Taylor, so wie sie Andy Warhol in seinen Bildern anbietet. Die Beschränkung auf die Oberfläche führt zum Gebrauch der Oberfläche und zu einer Ästhetik, die alltäglich wird. (FW 232f.)

Warhols Beharren auf der angeblich undurchdringlichen Oberfläche, unter der nichts anderes zu finden sein, ist in Wahrheit Camouflage, denn er spekuliert auf die Neugier des Betrachters seiner Bilder, dessen Begehren, zwischen Wahrem und Falschem zu unterscheiden, prinzipiell unerfüllt bleibt. Die Faszination für die Oberfläche, das Abtasten der Form mit den Fingerspitzen, geschieht in der heimlichen Hoffnung: Wer die Bilder betrachtet, möchte das Mysterium der Schönheit wenn nicht fühlen oder tastend erlangen, so doch wenigstens noch erahnen. Dieser unausgesprochene Kult der schönen Gestalt ist eben nicht mit dem Sehen der schönen Darstellung befriedigt, sondern beginnt erst mit dem vergleichenden Sehen, mit der Schau. Die Forderung nach Naivität, Unmittelbarkeit, unvoreingenommenem Sehen und völligem Ausschluss von Bedeutung ist kaum umsetzbar. Auch diese Kunstwerke stehen nicht alleine da. Der Betrachter hängt ja doch seinen Gedanken nach. Und wenn Warhol die Oberfläche der Dinge wie eine Art »geistiger Blindenschrift« vorkommt, liegt die Übersetzungsleistung des Künstlers wie des Betrachters allzu deutlich auf der Hand. Einerseits die ideelle Leistung, andererseits der ontologische Rückhalt, weil die Kunst den Beobachter zum wahrhaft Sehenden allererst erziehen muss. Solche Schrift ist abstrakt, nicht konkret. Solche Zeichen spüren einem Geheimnis nach, das sie wenigstens andeuten wollen.

Denn auf oder unter dieser Oberfläche der Dinge sucht man eben mehr, nämlich bloße, »reine« Dinge. Dort wabert eine Präsenz, eine Anwesenheit, die durchaus mystische Qualitäten hat. Alle diese Denkfiguren sind bestens bekannt aus der metaphysischen Tradition. Jetzt wird klar, dass die Voraussetzungen der Oberflächenästhetik viel umfassender sind als die Theorie selber zugibt. An diesem Punkt kommen Kontexte ins Spiel, die mit der Erweiterung des Kunstbegriffs zu tun haben. In erster Linie kommen in den sechziger Jahren die Anregungen auch noch aus der Musik. Beschworene Präsenz bedeutet vor allem höchste Erwartungen an das Authentische, eine Erfahrung, wie sie gerade die Popmusik erfüllen soll. Die Suche nach Schönheit, Befreiung, Intensität treibt nicht nur Brinkmann um. Wir haben es mit einer in alle Sphären des Sozialen ausgreifenden Jugendkultur zu tun, in der die Wertschätzung einer neuen Lebenswelt aufblüht.

Direkte Poesie? Alltagskultur

Große Hoffnungen setzten die Jugendlichen auf die neue populäre Musik. Die Popkultur ist wenigstens anfangs ein Sektor, der den gewohnten oder verordneten Alltag überschreitet. Die Musik hebt den Einzelnen heraus aus den täglichen Sorgen und Nöten, sie versucht eine Inszenierung auch des scheinbar noch so Belanglosen. Das hingebungsvolle Hören von Popmusik ist ein Akt der Überschreitung des Banalen. Die ekstatisch aufgewühlten Fans vergessen den üblichen Lebensvollzug. Diese herausgehobenen Momente füllen kleine Einheiten der Erfahrung mit Sinn und geben der vergehenden und leerlaufenden Zeit Intensität. Auch Brinkmann nimmt die Popmusik so wahr. Er begeistert sich für diese Musik, so wie er schon in seiner Jugend Jazz und Rock 'n' Roll enthusiastisch aufnahm, und er betrachtet sie zunächst jenseits des philosophischen Urteils nicht als bloß kulturindustrielle Erzeugnisse. Bereits in Vechta erlaubte die Musik die willkommene Flucht aus dem bedrängend geregelten Alltag. Wie viele Jugendliche damals geht er auf in der Musik. Sie sorgt für Selbstvergessenheit. In der Unterhaltung erfährt er die erlösende Befreiung von den Zwängen des Selbst, vom Druck der Selbstrechtfertigung:

> RocknRoll-Lieder als Erinnerung und Hinweis auf konkretes alltägliches Leben, RocknRollmusik als Intensivierung des alltäglichen Lebens, Musik am Morgen statt Arbeit am Morgen (das ist wohl poesie, realistisch ist das nicht, das weiß ich auch, aber diese Realität kann sofort sein!) (BrH 205)

Das schreibt er am 11. Februar 1975, nachdem er sich schon lange von den Hoffnungen auf die Popkultur losgesagt hatte. Und gibt doch einen späten Hinweis darauf, wie diese Hoffnungen aussahen. Wollte man das tägliche Leben der damaligen Jugend historisch verorten, so könnte man durchaus auf die Idee verfallen, die Musik sei ein Ersatz für ältere Formen eines vormals an metaphysischen Prinzipien ausgerichteten Lebens gewesen (Krech 210–220). Auch die täglich verrichteten Gebete früherer Jahrhunderte sollten das gewöhnliche Tun »intensivieren«, sie sollten eine höhere, die wahre »Realität« präsent halten und Hilfe bei der Bewältigung eines als schwierig empfundenen Lebens gewähren. Man braucht bei solchen Äußerungen nur die Vorzeichen zu ändern und sieht die Herkunft ihrer Ideen.

Vollends legt seine Einordnung der Popmusik Zeugnis ab von der direkten Verbindung zwischen den symbolischen Formen Religion und Kunst. Denn der Popmusik attestiert er höchste Würden als »direkte Poesie« (BrH 142); die »unmittelbare Präsenz« (FW 215 in der Übersetzung von

O'Haras »mere presence«) ihrer einfachen Sprache tritt Brinkmann als »authentischer amerikanischer Ausdruck« (BrH 91) entgegen, bei dem er die »Direktheit, die Vitalität« (BrH 172) feierlich preist. Ganz so, als hätte es nie eine Unterhaltungsindustrie gegeben, die gezielt Effekte setzte. Aber dass er das ausblendet, ausgerechnet ein Autor, dem sonst keine unrechtmäßige mediale Beeinflussung des Einzelnen entging, ist Ausdruck der fundamentalen kollektiven Erwartungen, die er mit dieser Musik verband.

Vorgebildet war das von der Beat Generation. Paetel nennt in seiner für Brinkmann maßgebenden Sammlung von 1962 den Existentialismus und die Jugendbewegungen als Vorläufer und zitiert die bündige Losung von Jack Kerouac: »Beat ist Hip *plus* Religion!« (Beat 18). Die Verbindung von größtmöglicher Nähe zum Alltag und seiner weitest gehenden Überhöhung ist ein herausragendes Kennzeichen der Bewegung. *Beat. Die Anthologie* bringt deshalb im ersten Teil Hintergrund-Essays von Lawrence Lipton, Gary Snyder, Alan W. Watts, die alle die religiösen Wurzeln der Beatniks betonen. Dann Gedichte von Lawrence Ferlinghetti, *Christus kletterte herab* im Litanei-Stil, oder Leonore Kandel, *Zuerst schlachteten sie die Engel*, eine drastische Kontrafaktur auf die Apokalypse, oder LeRoi Jones' *Hymne für Lanie Poo* mit seinem Preislied auf die schwarze Bohème: »Sie lachten / und Religion war was, / das man in Kaffeehäusern findet, gottwahrhaftig.« (Beat 109) Sie erneuern überlieferte, teils liturgische Formen. John Clellon Holmes hat in der Sammlung unter dem Titel *Die Philosophie der Beat Generation* das Gebaren ihrer Anhänger beschrieben. Ihre Antwort auf die große Frage: Wie soll man leben?, die auch Brinkmann umtreibt, verführt sie zur »Sucht nach einem Glauben-um-jeden-Preis« (Beat 234), viele würden Bettelmönchen ähneln, die sich zu »improvisierten *jam-sessions*« treffen, wobei sie, Jack Kerouac ist hier sein Zeuge, Buddha, Jesus Christus und die Jungfrau Maria gleichermaßen anrufen (Beat 235).

Kerouac schließlich hat in seinem Kultroman *The Dharma Bums* (dt. 1963: *Gammler, Zen und Hohe Berge*), einem der Lieblingsbücher Brinkmanns, die Rucksackrevolution bündig zusammengefasst. Seine Vision, wonach Millionen junger Amerikaner »mit Rucksäcken rumwandern, auf Berge gehen, um zu beten [...] alles Zen-Besessene, die rumlaufen und Gedichte schreiben, die ihnen zufällig und ohne besonderen Anlaß einfallen« (Kerouac 75), deckt sich im Sinne einer betont lässigen Ästhetik mit Brinkmanns Haltung dem Gedicht gegenüber, das er als Ausdruck einer momentanen Lage versteht. Kerouacs Utopie, die nicht bloß mit den Verheißungen einer direkten Poesie lockte, besaß auch Jahrzehnte später noch hohe Anziehungskraft.

Lawrence Lipton bietet in *Die Heiligen Barbaren* gute Einblicke in sämtliche Illusionen seiner Generation, die Bücher zum Thema *Gott im Underground* von Holger Hoffmann oder Andrew Greeley, *God in popular culture* (dt.: *Religion in der Popkultur*), weisen kulturtheologische und soziologische Zugänge aus, die mit überzeugenden Beispielen illustrieren, wie sich die beiden Ausdrucksformen der Schöpfung, die göttliche und die künstlerisch-musikalische, vergleichen lassen, wie die Sakramente der gnadenhaften Natur- und Kulturerfahrungen auf die der verfassten Kirche verweisen und umgekehrt. Der direkte Zusammenhang aber geht aus der Gott-Suche in den fernöstlichen Philosophemen hervor. Die Beschäftigung mit Zen erreichte auch Brinkmann.

Die Tagebücher sind voller Aufzeichnungen zu der für den Westen modischen Philosophie. Er müsse »lernen, mein Ich zu vergessen« (Erk 108), er klebt einen Zeitungsartikel mit Bildunterschrift »Meditation better than pot?« (Erk 137) ein, er liest die neueste Publikation von Philip Kapleau,

Die drei Pfeiler des Zen (Erk 264, 271, 294, 298, 325), während der Auszeit in Longkamp 1971. Doch Skepsis und Ablehnung überwiegen. Er bezweifelt, dass Zen weiterhilft (Erk 83, 225), den zentralen Gedanken lehnt er komplett ab: »Die Ideologie des Jetzt und des Im-Augenblick-Lebens ist quatsch!« (Erk 289, RB 76, 79) Die von den Beatniks rezipierte Philosophie konnte Brinkmann leicht als Vorhut einer wachsenden Entzweiung mit Autoritäten akzeptieren, und er kennt die klassische Darstellung *Zen-Buddhismus* von Watts, die 1961 auf Deutsch im Taschenbuch erschienen war. Von größerem Einfluss auf ihn dürften die Romane von Jack Kerouac gewesen sein. Melzer, der Verlag bei dem sein Freund Rygulla arbeitete, brachte 1967 *Engel, Kif und neue Länder* auf den Markt, in dem weite Passagen über die Philosophie des Nichts-Tuns zu lesen waren. Das Vorwort ordnete die Bücher als zeitgenössische Bibeln der natürlichen, freien Lebensweise ein. Aber die exzentrischen Devisen wie jene von der Freiheit des Individuums, ein Seraph zu werden (Beat 15), stimmten Brinkmann misstrauisch.

Hingegen lieferte die neue Sexualmoral willkommene Ideen. Michael McClure erklärt in seinem Essay unter dem von Camus entlehnten Titel *Revolte* die Sexualität zum zentralen Stimulans der Suche nach einer Existenz, die endlich einmal der physischen Organisation des Menschen gerecht würde, und definiert sie mit vitalistisch-religiösen Thesen. Sexualität ist der »Ausgangspunkt der Revolte«, und »jede Energie ist erotisch« (Acid 218f.). Sie soll Teil eines neuen, »bewußten Erlebens« sein. Um sie besser zu verstehen, dürfe man sie »mit göttlichen Attributen« versehen, »die Gottheit Erotik« (Acid 220) könne dann den Beginn des freieren Lebens markieren. Ziel der Umstellungen ist auch hier wieder ein höheres, ein durchaus metaphysisches. McClure sagt: »Jede Bewegung birgt Schöpfungsfreude und ist ein Gestaltungstest. Schließlich ist die Konkretisierung erreicht; wir sind schön.« (Acid 223)

Anwesenheit: Bewusstseinsmusik

Präsenz – hier noch in ihrem letzten Wirkungsbereich demonstriert – Präsenz erscheint auch bei Brinkmann in einem umfassenden Sinne als transzendierende Erfahrung. Alle Einlassungen dieser Art gehören zu den damals überall gewitterten »neuen Bewußtseinsmodellen« (Reese 10). Man wollte die eigene Lebensweise perfekt gestalten, alles durchdringen, bewusst machen, damit nichts, vor allem keine Tradition, mehr störte. Alan Watts formulierte die große Umwertung in jüdisch-christlichen Bildern so:

> Aber der Abendländer, der sich von Zen angezogen fühlt und tief in sein Wesen eindringen will, muß eine unentbehrliche Eigenschaft mitbringen: Er muß seine eigene Kultur so durch und durch verstehen, daß ihre Prämissen ihn nicht mehr unbewußt beherrschen wie der Wind das Kornfeld. Er muß mit dem Herrgott Jehova und mit seinem eigenen hebräisch-christlichen Gewissen wirklich ins reine gekommen sein, so daß er sich ohne Furcht und Auflehnung davon lösen kann. (Reese 116)

Den in seiner Vehemenz kaum mehr nachvollziehbaren, verbissenen Kampf gegen Tugendwächter und Moralapostel muss man jener sehr ernst gemeinten religiösen Suchbewegung zuschlagen, von der Allen Ginsberg in einem Interview Zeugnis ablegt (Reese 74–84). Dort wird umstandslos jedes Freiheitsbegehren als Beseelung vom Heiligen Geist betrachtet und jenem die ganze Menschheit umspannenden Kommunitarismus gehuldigt, der sich in der Musik am leichtesten transportieren ließ (Reese 74). Aber mancher Musiker wandte sich lieber gleich der Religion zu (Little Richard war Prediger geworden).

Nach dem Wegfall der alten metaphysischen Bestände, dem Glaubwürdigkeitsverlust im Christentum, füllten Ersatzreligionen das entstandene Vakuum (Mehnert 109–120). Auch bei Theo Löbsack fand Brinkmann die Recherchen zur Verbindung von Drogen und Religion im Kapitel »Das geweitete Bewusstsein« (Löbsack 261). Das Buch endet mit einer Anekdote, die Brinkmann vielleicht die Anregung für seinen Gedichtband *Die Piloten* von 1968 gab. Richard Alpert, einer der Drogenpäpste neben Timothy Leary, solle vom amerikanischen Gesundheitsministerium gefordert haben, man möge »Pilotenscheine für innere Flüge« einführen, »gestaffelt nach Fluggenehmigung unter Kontrolle, Alleinflug und Flugunterricht« (Löbsack 301 f.). Freilich brauchte man dafür genügend »Bodenpersonal« (ebd., 287), das für das Wohl der Teilnehmer sorgte. Dieses neue »transzendente Leben auf dem Hängeboden« (Löbsack) ist gemeint, wenn Brinkmann ungewöhnliche Bilder für die Präsenz sucht.

Und es ist eine passende Metapher für seine Lyrik, ihre (zeitweise) stark an der Popmusik ausgerichtete Schreibweise. Die als Befreiung erfahrene Gegenwart bekommt auch bei ihm Züge eines Akts der Erlösung. Durch sie soll ein Gefühl des Durchdrungenseins spürbar sein, ein ganzheitlicher Zustand, in dem man alles zugleich sieht, berührt, hört, riecht, schmeckt. Im zeitgenössischen Sinne kann man das neben den Drogenerfahrungen nur mit den kultisch-ekstatischen Events vergleichen, wie sie das große Festival ermöglichte. Chester Anderson erklärt in seinen *Notizen zur neuen Geologie* die Wirkung der Droge *Acid* (und damit den Titel von Brinkmanns Anthologie, die den Artikel bringt), indem er auf die sympathetischen Spannungen abhebt, die Stimuli der Musik, welche die Hörer »mit dem ganzen Körper empfangen«:

> Und dies ist erst der Anfang, die simpelste Erläuterung unserer physischen Antwort auf die Musik, doch genug Informationen, um meine Meinung zu sagen. Ein Arrangeur/Komponist der alles dies wüßte, besonders wenn er elektrische Instrumente hätte um zu arbeiten, könnte den Körper eines Zuhörers wie eine geschmeidige Gitarre spielen. Er könnte den Körper des Zuhörers als Teil des Arrangements verkaufen, eine Intensität von Teilnahme schaffen, die viele Leute nicht einmal beim Sex erreichen. (Bis jetzt scheint es nur durch Zufall passiert zu sein.) Und es gibt keinen Abwehrmechanismus außer der Flucht, nicht einmal Taube sind völlig immun. (Acid 359)

In diesem Zustand ist der Einzelne ein Medium, das die »totale Freiheit, totale Erfahrung, totale Liebe, Frieden und gegenseitige Zuneigung« (Acid 357) möglich macht. Anderson beruft sich auf eine archaische Ekstase, wenn er behauptet, Rock sei ein »Stammes-Phänomen« und »die erste Bewußtseinsmusik, die wir wieder haben« (Acid 357). Im umfassenden Sinne sieht er darin die Umgestaltung des Menschen zu einem vollkommen begeisteten Wesen, besser, seine Wiedergewinnung: Sein, das ganz bei sich selber ist; Sein, in dem alles möglich ist. So sieht auch Brinkmann seine Lyrik als Bewusstseinsmusik.

5 Sprechen an der Grenze des Sagbaren

In seinen Essays über die Kunst der frühen Moderne seit 1900 erzählt Paul Tillich die Anekdote von einem katholischen Priester, der den französischen Kubisten Georges Braque bat, ihm einen Fisch, das frühkirchliche Symbol des Gekreuzigten, für eine Kirche zu malen. Braque als Atheist lehnte zwar ab, doch der Priester bestand darauf und forderte nichts als einen Fisch, wie ihn Braque auch sonst malte: »Er meinte, daß in einem profan gemalten Fisch von Braque mehr religiöse Ausdruckskraft läge als in einem unehrlich an religiöse Symbolik angepaßten Bild.« Die »expressive Profanität«, so Tillich, sei in einer längst areligiös gewordenen Moderne wichtiger als gutgemeinte Kunst, besser sogar als der »Kitsch religiöser Bilder«, den die Devotionalien reproduzieren (Tillich IX 352). Denn die expressiven Stilelemente waren besonders geeignet, das Sakrale auf unerwartete Weise, an überraschender Stelle zu transportieren (Expressionismus, Kubismus, Surrealismus) und den Betrachter mit neuen Ansichten vom Grund alles Seienden zu konfrontieren. Mit dieser Haltung habe der katholische Priester eine protestantische Einstellung gezeigt. Im »Pathos für das Profane« (das Tillich dem Protestantismus erwartungsgemäß hoch anrechnet) sah er sogar ein Zeichen für eine mögliche Rückkehr religiöser Symbole.

Die Dimension, die wir mit dem Wort Transzendenz belegen, fehlt der Kunst auch dann nicht, wenn sie ohne direkten religiösen Bezug arbeitet. Das »Pathos für das Profane« begegnet uns auch in der modernen Kunst immer häufiger. Und Tillichs Anekdote führt auf wichtige Fragen hin, nämlich welche Arten von Transzendenz in einer nicht-religiösen Kunst wirken und wie sie vom Rezipienten aufgenommen werden können. Der Philosoph Martin Seel hat als den gemeinsamen Bezugspunkt jeder Art von Transzendenz die Fähigkeit des Menschen zur Selbstüberschreitung ausfindig gemacht. Dieses Bedürfnis ist universell und bringt unterschiedliche Stile hervor. Demnach bestehe der religiöse Charme der Kunst darin, dass sie die »religiöse Anverwandlung« jederzeit zulasse (Seel 2012, 47). Im Ästhetischen treffen sich Religion und Kunst, wie sich im künstlerischen Akt auf je andere Weise die Verwandlung von Gegenwart ereignet. Dieses systematische Argument, rein an der Dynamik der Kunst ausgerichtet, lenkt die Frage auf die Mittel, mit deren Hilfe sie solche Sinnerwartungen nährt.

Pathos des Profanen

Auch Brinkmann, wir wissen es längst, erkennt seine ureigene Aufgabe darin, im Unscheinbaren das Bedeutende zu sehen. Und er findet dafür eine passende Sprache. Er widmet dem vollkommen Profanen ganze Aufmerksamkeit, er rückt es in eine Sphäre der Mächtigkeit, er wertet das Unbeachtete in einer Weise auf, die es in die Nähe des Glanzvollen, des vom Geheimnis Umwitterten bringt. Er flicht unvermittelt in einem Gedicht den Satz ein: »das dachte ich [...] als ich in der Engelbertstraße / transzendierte [...] Wohin können die Assoziationen hier gehen?« (Ww 11f.). Das geschieht in einer geradezu unauffällig wirkenden, scheinbar hintergrundlosen, prosaischen Redeweise. Die lakonische Sprache, die er dann führt, kann jedoch bemerkenswerte pathetische Potentiale freisetzen. In den beiden aufeinander folgenden Publikationen *&-Gedichte* (1966) und *Was fraglich ist wofür* (1967) steht folgendes Gedicht, das in der jüngeren Fassung nur zwei geringfügige sprachliche Glättungen aufweist (St 114):

Anwesend

Da gab es
etwas wie Tumult
es war genaugenommen
weniger als das
es war gering.

Ein paar Schritte davon entfernt
war es das gleiche.
Es war so etwas
wie ein Schaben
oder wenn man fortging

das Geräusch von Schritten.
Es war dies Fortgehn
dieses Wiederkommen
dieses Fortgehen.
Man ging nicht fort.

Plötzlich fiel Schnee
ich sah aus dem Fenster
es fiel Schnee.
Diese Bewegung
blieb darauf im Kopf

für etwas Wichtiges gehalten
was nie mehr gesehen wird. (St 102)

Das Gedicht mit dem unerklärten Titel redet einer Apotheose des Augenblicks das Wort. Rätselhafte Geräusche, der Schneefall – alles könnte eine rationale Erklärung finden. Sie wäre banal. Doch es endet mit einer überraschenden Wendung, weil die Kopfbewegung bestenfalls dem lyrischen Ich etwas bedeutet, das sich in der vorletzten Strophe meldet. Hat das Ich etwas Außergewöhnliches gesehen? War jemand vorübergegangen? Ist überhaupt irgendetwas geschehen? Was ist das »Es«, wer das »Man«? Die fehlenden Mitteilungen darüber im Gedicht lassen den Leser ratlos zurück. Was soll er damit anfangen? Zudem eröffnet das Enjambement in die letzte Strophe hinein, der Strophensprung, wegen der fehlenden Interpunktion Anschlüsse, bei denen der Leser fragen muss, worauf sie sich beziehen? Ist die »Bewegung« gemeint oder jenes nicht erklärte Anwesende? Welche Folgen hatte die äußere Kopfbewegung für eine innere Veränderung? Und blickt der Leser vom Ende des Textes zurück zum Titel, erhebt sich die Frage: was ist mit dem »Anwesend«-Sein überhaupt gemeint?

Der Strophensprung markiert in *Anwesend* die Stelle im Gedicht, die dem Leser die größten Anstrengungen abverlangt. Was genau war an dem Profanen so wichtig? War mit Anwesenheit etwas Äußeres oder die eigene Aufmerksamkeit gemeint? Was war im ersten Falle anwesend? Auch wenn der Leser nicht bereit ist, über diese untere Ebene des Textes hinauszugehen, bleiben so viele Fragen, dass sich andere Erklärungsansätze geradezu aufdrängen. Geht es um etwas Einzigartiges? Einen religiösen Moment? Selbst Texte mit größerer Welthaltigkeit oder ausführlichen Handlungselementen wie *Heute* (St 328) bieten keinen restlosen Halt im Belanglosen, von dem sie ihren Ausgang nehmen. Während sie das Profane mit einem starken Ausdruck umgeben, nähern sie sich sprachlich der Prosa lediglich an. Die immanent transportierten Fragen bleiben allemal ohne Antworten.

Hier also steht das Rätsel um die Qualität einer Präsenz im Zentrum, dort entfalten die Texte Strukturen, wie sie die Sprache der Religion verwendet. Litaneien, Serien von Wortfolgen formen bei Brinkmann komplette Langgedichte wie *Rolltreppen im August* (Ww 65ff.) odcr *Süden* (Ww 78), der dritte Teil des Austin-Gedichts, in dem Zitate von Chuck Berry und Little Richard bis The Who die Meditation über Südworte einleiten. Man könnte Studien zu Ritual und Literatur an ihnen durchführen (Braungart 1996). Die Forschung hat solche Rock-Litaneien allein von der Sprache der Popkultur oder der kritischen Auseinandersetzung mit ihr (Röhnert/Geduldig II 707–717) hergeleitet und andere historische Dimensionen darüber vernachlässigt. Selbst wenn man, wie in der Forschung üblich, nur den Autor zitiert: »Ich hätte gern viele Gedichte so einfach geschrieben wie Songs.« (Ww 7) und seine Absicht, »aus der Sprache und den Festlegungen raus« zu kommen (Ww 7) nachschreibt, so sagen die Selbstauskünfte noch nichts über die Sprache der Popsongs.

Mit Recht darf man der Sprache der Popkultur und ihren fließenden Grenzen eine damals ungewohnte spirituelle Funktion unterstellen. Im Soul, Beat und Rock, im ganzen vom musikalischen Gemeinschaftserlebnis getragenen Habitus fand Brinkmanns Generation ihren eigenen Ausdruck. Durchpulst von Emotionalität und Vitalität, von elektrisierender Empfindlichkeit verströmte ihr Lebensstil eine schwer erklärbare Zuversicht. Hinter ihrer Religiosität steckte kein Dogma, kein System. Es handelte sich um Einsichten, die Songtexte, Comics, Interviews, Platten, Konzerte, Plakate und Filme oft indirekt transportierten. Die Songs verherrlichten den individuellen Erlebnisraum des Menschen, sein Umfeld, seine unmittelbaren Lebensbereiche, die jede Zelle seines Körpers durchdrangen wie seine eigenen Gedanken und Gefühle.

Aber sie gehen darüber hinaus. Songs der *Doors* (»Light my Fire«, »End of the Night«, »The End«), der Gruppe *The Who* (»My Generation«) oder von *Velvet Underground* (»Beginning to see the Light«) pflegen durchaus eine anspielungsreiche Sprache oder rufen jedermann verständliche Assoziationen hervor. Jim Morrison hat in »When the Music's Over«, seinem elf Minuten langen epischen Gedicht daraus seltsam rätselhafte Ideen über Auferstehung, tiefen Schlaf, den Schrei des Schmetterlings und den allgemeinen Zustand der Welt gemischt. Der apokalyptische Schrei, er wolle die Welt haben, und zwar »now! Now? NOW!!«, bildet den Höhepunkt. Er empfiehlt, sobald die Musik vorbei sei, das Licht zu löschen, weil der Anruf: »Jesus! Save us!« nicht mehr fruchtet. Die Hymne schließt: »Music is your only friend / Until the end«. Brinkmann hat dem Song auf der zweiten Platte der Gruppe (»Strange Days« 1967) häufig gelauscht.

Die Popmusik folgt in ihren Strukturen den Mythen des Alltags. Sie greift auf Vorhandenes, Bekanntes zurück, mischt es neu. Roland Barthes hat sie »gestohlene Sprache« (Barthes 115) genannt. Die Poesie der Songtexte stammt aus der mystifizierenden Verwendung von Versatzstücken, die vorgeblich eine konsistente Bedeutung anbieten. Dass sie damit oft ein Gemeinschaftserlebnis stiften können, steht außer Frage. Zudem führten Stars wie Jimi Hendrix und Jim Morrison selber ein exzentrisches Leben ohne Rücksicht auf Folgen und gingen im Rausch der Gegenwärtigkeit so sehr auf, dass ihnen der Tod gleichgültig schien, frei nach der Maxime »live fast, love hard, die young« (Flender 125). Diese zur Schau getragene Verachtung des Todes intensivierte ihre Präsenz und beglaubigte ihre Äußerungen auf der Bühne. Nicht wenige der Fans haben die Auftritte der *Doors* wie eine Initiation erlebt. Das bezeugen die Kritiken: Magische Töne, Tänze, suggestive Intonation und das Raunen heiliger Worte mit höchster erotischer Spannung erzeugen die besondere, elektrisierende Stimmung (Morrison 1992). Kultischen Handlungen ähneln sie allemal. Ein Ziel der Livekonzerte war immer auch die Bewusstseinsveränderung, die den ekstatischen Zustand überdauern sollte.

Theologen beider Konfessionen ergründen deshalb seit Jahrzehnten die verzweigten Spuren der Spiritualität bis hin zur grundsätzlichen Annahme einer pneumatischen Religiosität. Musik interpretieren sie als geisttragendes und das Transzendieren begünstigendes Handeln. Die Kraft des Geistes stiftet Freiheit, und diese Wirkung sei auch in der Musik zu spüren. Wo der Geist weht, kann die Erfahrung gelingen (Fermor 72, 234–241). Wenn Brinkmanns Gedichte »einfach genug [...] wie Songs« (Ww 7) sein sollen, so leicht »wie eine Tür aufzumachen« (Ww 7), dann denkt er an die alltägliche Sprache, den niederen Sprachgebrauch, den rhythmisierten Klang der ›lyrics‹. Was er nicht sagt: Die Songs bedienen erweiterte Formen von Transzendenz. Selbst bei Ausklammerung der Gottesfrage zehrt ihre Sprache stark von religiös gefärbten Wendungen. Man wechselt nur den Referenzrahmen. Die popkulturelle Transzendenz in den Songs der 60er Jahre ist nicht am Jenseits orientiert, sondern will die Distanz zur Welt, so wie sie sich innerhalb von Weltbezügen ereignen kann (Treml 92). Die Welt anders sehen, einen anderen Sinn für sie bekommen – all das sind Absichten einer unreflektierten Erfahrung von Transzendenz, bei der dann das Erwartete den Wert eines Geheimnisses erhält (Treml 92–94). Die Weltüberschreitung innerhalb der Welt mag mit non-verbalen Mitteln leichter gelingen (Körperlichkeit der Rockmusik, Fermor 73), bedient sie sich aber der Sprache, stellen sich die bekannten Konnotationen wieder ein.

Einige ästhetische Konzepte Brinkmanns, viele seiner Statements und sprachlichen Wendungen kommen in erstaunliche Nähe zur katholischen Vorstellung von der Realpräsenz. Das »Leben als Film«, der »Realitätsfilm« (Ww 2005, 277), die »unmittelbare Präsenz« (FW 215) klingen verdächtig nach einer Übertragung der Realpräsenz in ästhetische Vorstellungen von einer reinen, totalen Gegenwart. Generell finden wir in Brinkmanns Sprache viele solcher »Substitute des Absoluten« (Rentsch 2005, 173). Oder, wie sein Gewährsmann Leslie Fiedler über *Die neuen Mutanten* sagte: Sie huldigen der »inneren Freiheit«, aber »die Bezeichnung hat religiöse, ja, spezifisch christliche Untertöne. Und wenn die Nachmodernen auch in gewisser Hinsicht ›Mystiker‹ sind, also religiös in einem Sinne, den sie gemeinhin nicht zu offenbaren verstehen: Christen sind sie nicht.« (Acid 23f.) Lieber suchen sie eine »nichtchristliche Submythologie« oder borgen sie bei den asiatischen Philosophien (Acid 24). In *Acid* sammelt Brinkmann einige Texte, die den sprachlichen Zusammenhang mit der Religion zugeben. John Perreault kritisiert in seinen *Bemerkungen und Anmerkungen zur zeitgenössischen Kunst* das falsche Pathos der christlichen Kunst, kann aber nicht erklären, was die Kunst deren Mitteln entgegensetzen soll (Acid 283). Chester Anderson (Acid 357–359) und Marshall McLuhan argumentieren von den orientalischen Religionen her (Acid 375). Fiedler brachte es auf den Punkt. Am Ende seines grundlegenden Essays *Überquert die Grenze, schließt den Graben. Über die Postmoderne* erklärt er 1969 bündig, dass »Pop Art im Grunde stets religiös ist« (Mammut 695). Denn »wie Isaias« könnten es sich »die Propheten der neuen Verkündigung« nicht nur leisten, »die Sprache jedermanns zu sprechen«, sondern sie würden wie ihr alttestamentarisches Vorbild verzweifelt schreien: »Ich bin ein Mann mit unreinen Lippen … inmitten eines Volkes von unreinen Lippen« (ebd., 696).

Im heiligen Alltag: Suche nach höchster Intensität

In dieser einfachen und direkten Sprache schreibt Brinkmann Gedichte seit Mitte der 60er Jahre. *Mehr oder weniger* (St 127) ist die gedrängte und neu betitelte Fassung von *Gedicht* (St 98) mit gekürzten Ein-Wort-Versen, reduzierten Enjambements und wechselndem Strophenumbruch. Die prägnante Verschlankung der Schlussstrophe ist ebenso erwähnenswert wie die dem neuen Text zum Vorteil gereichende Reduktion um zwei Strophen. Beiden Gedichten gemeinsam geblieben ist die syntaktische Struktur aus zwei Sätzen:

Mehr oder weniger

Mitten auf
einer
grünen
Wiese, wie grün
kein Wunder, wie grün

als ob das schon ausreicht
für ein
Gefühl
etwas in Bewegung
zu setzen, was von selber

sich fortsetzt
aber ich
kann nicht
einsehen, warum.
Vielleicht ist es so, daß

ich es bin, der langsam
verschwindet
um sich zu
bewegen, ohne Gefühl
um besser fortzukommen

vielleicht auch
nicht – verschwunden in etwas, das
schließlich doch größer
zu sein scheint. (St 127)

Vom Verschwinden des Ichs und dem Aufgehen in Größerem, davon handeln die Grundgedanken beider Texte. Auch wenn eigens darauf verweisen wird, dass »kein Wunder« geschehe – vielleicht ist das aber auch nur eine unbedachte Redefloskel wie der Titel –, zeigt der Text alle Spuren der Mystifizierung in seinem weit geöffneten Anspielungsraum. Die erste Fassung nahm in der letzten Strophe noch einmal das Landschaftsbild auf, so dass der Vergleich wiederkehrte. Das Ich verschwand in etwas Größerem, »zum Beispiel diese Art von Grün« (St 98). Blieb das noch relativ nachvollziehbar, so treten durch die Kürzungen in der zweiten Fassung viel deutlicher jene ungenannten Dimensionen hervor, die größer sind als der Mensch. Die Bearbeitung des eigenen Prätextes drängt das neue Gedicht unmissverständlich in einen Kontext, der das Verstehen übersteigt. Brinkmann sucht das nicht Ausgemessene, das Unermessliche mitten im Alltag und bringt es durch unsere Redefloskeln hindurch zum Scheinen. Solche Rede ist ansagende Rede. Unfähig, verfügend und klar zu sagen, was der Fall ist, drückt sie Unfassliches aus, das dennoch wirkmächtig ist. Wir werden in die Gegenwart eines Unsagbaren versetzt, ohne es sprachlich dingfest machen oder anderweitig mitteilen zu können.

Wenn der ursprüngliche religiöse Impuls des Menschen dahin geht, ein Numinosum zu verehren (Otto), wenn Religion nichts anderes bedeutet, als über dieses verehrte Heilige nicht weiter nachzudenken, sondern ihm gläubig zu folgen, so manifestiert sich hier eine deutliche Parallele zur Suche nach diesem Numinosen im Alltag. Auch sie soll nicht hinterfragt werden. Die Behauptung, hinter den Dingen sei nichts, die mit voller Überzeugung vorgetragene Aussage, nur in diesen Dingen finde sich die wahre Intensität – das sind Haltungen, die mit dem Glauben mindestens die Richtung ins Bedeutende und Herausgehobene gemein haben. Anders gefragt: Wenn es dort, in den angeblich so belanglosen Dingen, tatsächlich nichts zu finden gibt, wozu dann dort suchen? Ist hier nicht vielmehr doch eine verdeckte Sinnsuche am Werk? Anerkennt ihr Sucher nicht eben gerade ein Geheimnis, das er vordergründig als nicht vorhanden einstuft? Gibt er nicht zu, dass darin etwas liegt, das seinen Horizont übersteigt, und dass sich die Suche letzten Endes für ihn doch lohnen könnte? »Mehr oder weniger«? Wer solche Fragen stellt, befindet sich nicht außerhalb, sondern mitten in einem transzendenten Geschehen, von dem er sich einiges erhofft.

Solche Gedanken entsprechen doch genau der Ambivalenz, die Rudolf Otto bei seiner Erklärung des Heiligen entdeckte. Das Heilige erfahren Menschen einerseits als das völlig Andere, uns Unbegreifliche, doch zur gleichen Zeit als höchste Bedeutung, als Erlösung. Beides steht in einer gewissen Spannung zueinander. Sie macht das Faszinosum aus. Ein Mysterium, das zu einer eigentümlichen Ambivalenz führt, zum Schwanken zwischen Anziehung und Flucht, zwischen dem Hingezogensein zum Heiligen und dem Wunsch, ihm zu entkommen. Es liegt jenseits aller Rationalität (Otto 31–37). Im Zuge der erweiterten Religion, wie wir sie eingangs definiert haben, kommen nun andere Kriterien hinzu.

Die mystifizierende Behandlung des Alltags in den Gedichten erweitert das Heilige und vergrößert sein Feld. Die Erhebung des unbedeutenden Gegenstands zu einem lyrischen Objekt schenkt ihm höchste Beachtung und adelt ihn auf eine überraschende Weise. Es erhebt ihn dadurch über seine Umwelt, aus der er stammt und in der er normalerweise aufgeht. Bereits durch diese besondere Behandlung kommt dem Gegenstand eine Bedeutung zu, die er in unserer gewöhnlichen Gegenwart nie hat. Er rückt in eine Beziehung zu anderen Gegenständen unserer Aufmerksamkeit, die wir für das Andere reservieren, die wir höher einschätzen. Wenn Religion selber immer schaffend, erzeugend, mithin poietisch in ihrem Wortsinn ist, wenn sie grundsätzlich unabgeschlossen und offen für einen kreativen Umgang ist und wenn sich von daher ihre große Nähe zur Kunst ableiten lässt, wenn Literatur also eine symbolische Form des Herstellens von Religion ist (Braungart 2016, 16, 23), dann hat umgekehrt die künstlerische Durchdringung des Alltäglichen und Wertlosen ihren Ort innerhalb einer so verstandenen Religion. Wie in Brinkmanns lyrischem Satz vom größeren Grün (St 98) steht auch bei der Aufwertung der Details unseres Alltags ihre Wahrnehmung als Insignien einer Transzendenz im Vordergrund.

Leslie Fiedler brachte diese »Skelettlyrik, bei der auf ein Teil Sprache drei Teile Schweigen kommen«, er nennt ausdrücklich Robert Creeley und W. C. Williams (Acid 23), in direkten Zusammenhang mit seinen Ausführungen zur »nichtchristlichen Submythologie« (Acid 24). Dem folgt Brinkmanns lyrische Behandlung der Farben. Schnee als Wort, das »wieder zu Wasser wird« und »den Himmel in einer blanken Pfütze spiegelt«, die nicht »unverändert blau« bleibt (St 40), das größere Grün der Wiese (St 98), »ein anderes Blau« (Ww 41) oder der Schnee »weißer / als das Gedächtnis, verdunkelt als Nacht, am / Tag weißer als

Schnee« (Ww 174), das sind Sprachexerzitien um Wörter, deren symbolischer Gehalt nicht eben gering ist. Sie bauen unbekannte Bedeutungshöfe um die Wörter, sie verschieben die Semantik, sie rücken sie in rätselhafte Zusammenhänge (Röhnert/Geduldig II 644ff.). Allen Behauptungen ihres Autors, Zwänge, Festlegungen und Anspielungen wolle er vermeiden, darf man misstrauen. Er kann es gar nicht. Im lyrischen Text ist das Überschreiten der Sprache eine Angelegenheit der Sprache.

Indem die Gedichte etwas suchen, was nirgends sonst sich zeigen kann, gehen sie auf eine aus der Religion vertraute Weise vor. Sie realisieren Transzendentes in der Sprache. Die Texte inkarnieren etwas Verborgenes, sie realisieren damit Transzendenz in der Immanenz (Braungart 2016, 30 und 147). Man kann darüber streiten, ob diese Aufwertung von Objekten ohne Belang zu befriedigenden Ergebnissen führt. Es ist durchaus denkbar, dass sie nie eintreten, dass die Erwartung müßig bleibt, die Transzendenz ausbleibt, dass das Einholen einer Erfahrung höchster Intensität gar nie gelingen kann. Denn schließlich taucht das Belanglose in der Erinnerung an die Herkunft des Objekts nie ganz unter. Das ist wohl ein Mangel, der nicht so sehr den Texten als ihren Themen anhaftet. Im Gedicht *Und* (St 275) sitzt ein Ich spätabends am Tisch in absoluter Stille und ist froh darüber, dass niemand fragt, »was das zu / bedeuten hat«. Mit der knappen Antwort: »Ich wüßte es // nicht.« hebt der Text auf einer ersten Ebene jede Sinnsuche auf.

Aber die poetische Wirkung der Sprache ist in beiden Diskursen gleich. Paul Ricœur stellte die »religiöse Rede als Modifikation poetischer Sprache« heraus (Ricœur 101) und beschrieb an der Metapher, wie eine neue Wahrheit entsteht. Metaphorisches Reden als eine »Grenzausdrucksweise in Entsprechung zu menschlicher Grenzerfahrung« ereignet sich in einem Prozess auf der Ebene eines Satzes oder ganzen Textes. Sie steht nur mittelbar im Bezug zu einzelnen Wörtern. Einer metaphorischen Äußerung wohnt eine Spannung inne, die eine Innovation verbürgt; sie wird zu einer »lebendigen Metapher« (Ricœur 98). Dann präsentiert sich die gesamte Äußerungsweise als eine Übertragung. Diese stellt die Bezugsebene unseres gewöhnlichen Sprachgebrauchs zugunsten einer andern auf den Kopf oder entzieht ihr einfach den Boden. Was so als Wahrheit erscheint, ist auf diesem Niveau einer doppelten Bezugnahme mehr »eine Frage von Manifestation denn von Korrespondenz« (Ricœur 99). Beide Modi des Redens, der religiöse wie der literarische Modus, wollen verunsichern, Erfahrung ohne Begriff ermöglichen, durch Sprache offenbaren.

Die *Vita nuova*, so der Titel eines Gedichts aus Rom von 1973, ist dieses neue Leben der Sprache. *Das Sein* beschreibt ein frühes Gedicht als »Stille«; sie »drängt sich aus dem Stein«, alles »Zeugen lauterer / Verzweiflung« (St 16). Stein – Schrei – Atem – Staub, die Bilder in den Texten erschaffen eine eigene Welt der »Heiligkeit« (St 16). Sie lassen das Unerhörte hervorbrechen, geben unseren Vorstellungen eine neue Ausrichtung und führen ein »Mehr« ein, das wir nicht erklären können (Ricœur 101, 103). Wie religiöse Rede kann solche innovative poetische Rede nie völlig übersetzt werden. Und die poetische Sprache modifiziert die religiöse. So gesehen können wir auch den Titel des oben stehenden Gedichtes deuten, wenn wir den Satz ergänzen: *Mehr oder weniger* ist die Poesie hier das Medium oder Organon religiöser Sprache geworden. *Mehr oder weniger* geht es um dasselbe wie bei einer Offenbarung. *Mehr oder weniger* aber bleibt das alles vorläufig: »vielleicht ist es so [...] vielleicht auch / nicht« (St 127). Denn hier geschieht alles innerhalb dieser einen Welt. Denn es ist im Gedicht nicht ausgemacht, ob es das Größere wirklich gibt. Das Überschreiten stellt das Gedicht vor als ein Überschreiten ohne Glauben an eine jenseitige Macht (Langenhorst 234f.).

Versickernde Rede

Gleichwohl: In Brinkmanns Lyrik finden wir vor allem auch Negativität. Sie äußert sich zunächst als Sprechen am Rande des noch Vernehmbaren. Der Klappentext zur Erstausgabe des fünften Gedichtbuches, *Was fraglich ist wofür*, formuliert das 1967 ausdrücklich: Die Gedichte seien verfasst »in einer Sprache, die sich gerade noch eben mitteilt, in einer versickernden Redeweise«. In einer Sprache, die den »unscheinbarsten Ausdruck« wähle, mit dem sie dem Leser die »Erfahrung der Reduktion« ermögliche. Tatsächlich tasten sich die Texte an ein Thema heran, sprechen zögerlich oder verklingen wie ungefähr, wenn es in der letzten Strophe von *Hier nicht* heißt: »Beinahe // hätten sie sagen / können, wir / sind / glücklich.« (St 123) Häufig thematisieren sie nicht nur das Gehen, sondern vollführen eine Bewegung bis zum Verschwinden: »daß wir hier ausruhn, auf / der Stelle und sofort« (St 155) ist hörbar als »und so fort« im Sinne des Wechsels vom temporalen Adverb »sofort« zum Durativ mit unbestimmbarem Ende. In solches Spiel der Unentschiedenheit ziehen die Incipit-Titel den ganzen Text hinein oder überformen die gesamte Textbewegung. »*Ein einziger Satz* // oder gleich / mehrere.«, beginnt ein Gedicht, bevor »wieder Sätze« folgen. Es endet: »Was fraglich / ist, wofür.« (St 139 und eine Variante St 75) Der dem ganzen Band den Titel gebende Satz wird graphisch auf dem Umschlag mit zwei Zeichen dargestellt: »Ausrufzeichen und Fragezeichen, direkt nebeneinander. Man kann nicht sagen, ist es eine Frage, ist eine Feststellung? Beides ist ganz dicht nebeneinander.« (BrH 71f.)

Jetzt geh! endet mit derselben Aufforderung, nur ohne Interpunktion, und lässt die Entscheidung über eine schwerwiegende Auseinandersetzung offen: »was / sollte / sie / weiter tun // außer glauben / ohne zu denken / daß Alles / nichts // nutzt« (St 120). Das langsame Versickern der Rede ist ein Anzeichen für jene Texte der mittleren Lyrikbände, die im unmittelbaren Vorfeld religiöser Sprache agieren. Bei ihnen bleibt die Kommunikation zwischen Ich und Du so sehr im Ungefähren, dass sie schlechthin auf jede Beziehung übertragbar ist. Noch nicht einmal die Stimmen lassen sich eindeutig den Sprechenden zuordnen, und die missliche Lage (»glauben / ohne zu denken«) erklärt die Unentschiedenheit der Redeweise. Lakonie, Prägnanz, Momentaufnahme, wie auch immer die Ästhetik der Verknappung gelesen wird, ihre Texte leisten mehr. Willentlich oder unwillentlich, das spielt keine Rolle. Sie verweigern die direkte Nennung, sie öffnen Assoziationsräume, sie geben den Anspielungen keine klare Richtung vor. Die im wörtlichen Sinne absichtlich gesetzte Einsilbigkeit einzelner Verse findet sich auch bei anderen Autoren, die auf indirekte Weise vom Absoluten reden. Vorbilder für Brinkmann sind Günter Eich, Ernst Meister und Walter Helmut Fritz. Sie schreiben Gedichte ohne Ballast, sagen nur das Notwendige und oft nicht einmal das. Aber dass die Rede versickere, stimmt nur bedingt. Selbst im Falle des Redens am Rande zeigen sich die Texte sehr bedeutungsvoll.

Wie soll man von einem Absoluten ohne Gott reden? Das ist ja Brinkmanns Problem, wenn er den Alltag erheben, heiligen will. Das wird immer dann zur begleitenden Crux, wenn der lyrische Text behauptet, hier gehe es um alles, aber nicht sagen kann, was er genau meint, und nicht angeben will, worin sich das von der religiösen Handlung unterscheidet. Zu den Denkformen, in denen sich das Reden an der Grenze ausgeprägt hat, gehört die negative Theologie. Sie lehrt, dass jedes nur erdenkbare Prädikat von Gott notwendig falsch sei, weil es als eine bestimmte Zuschreibung die Unendlichkeit Gottes vernichten würde. Darum könne man das unerkennbare Wesen Gottes nur indirekt erfahren, indem man jede Aussage vollzieht und im selben Atemzug wieder verneint, um sich in diesem Vorgang der Negation dem direkt nicht aussprechbaren Wesen Gottes anzunähern. Es geht um den Vollzug einer Bewegung, die alle möglichen inhaltlichen Bestimmungen wieder zurücknimmt, weil sie prinzipiell unangemessen sind. Und das im negativen Verfahren Ausgesparte ist die gesuchte wahre Existenz.

Texte mit einer großen sprachlichen Nähe zur Apophatik, also Texte, die immer nur sagen können oder wollen, was nicht ist, sind im Falle Brinkmanns noch nicht eigens behandelt worden. Sie waren nicht im Blick der Forschung, sind aber für die Fragestellung besonders wichtig, weil ihre profane Ausdruckskunst die enge Verwandtschaft zum Religiösen deutlich zeigt. Das sind durchweg Texte, die mit der höchsten Bedeutung spielen. In Wahrheit handelt es sich gerade bei der äußerst reduzierten Form um eine überaus voraussetzungsreiche Redeweise. Das Sprechen in einer zwar reduzierten, aber höchst aufgeladenen Sprache ist die ästhetische Strategie, die der Suche nach der höchsten Intensität angemessen zu sein scheint. Es ist ihr einzig möglicher Ausdruck. Man kann sie geradezu für Gedichte einer negativen Theologie halten. Und solche Texte können mühelos in einer Sammlung mit modernen religiösen Texten stehen. Das alleine muss schon zu denken geben.

Das Muster eines Nicht-Gedichtes ist die *Ein Gedicht* betitelte »trotzige Litanei« (Röhnert/Geduldig II 480) aus lauter Verneinungssätzen, vorgetragen in einer langen Reihe, ohne Rücksicht auf Monotonie (Ww 15–17). Das Gedicht »verschweigt nichts«, »hat keine Regel«, »Keine Gefühle sind / in dem Gedicht« (Ww 15). Die Angaben überbieten einander ständig. Allerdings spricht der Text von Beginn an mit einem »Du«. Es gibt aber auch positive Sätze, die das Modell durchkreuzen: »in dem Gedicht ist es ganz still«, es »steht einfach nur hier« (Ww 15), »hört hier einfach auf« (Ww 17). Und die wichtigste Aussage: »Das / Gedicht besteht aus lauter Verneinungen. Die / Verneinungen in diesem Gedicht werden immer mehr« (Ww 16f.). Aber sie sind nicht unverständlich. Und das Gedicht behauptet auch nicht, die Leser könnten es nicht verstehen. Also ist der Redemodus sein hauptsächliches Thema.

Genau wie die Bewegung des Textes, sein Vollzug, die Abfolge von Setzungen. Sie mündet in die Ambivalenz am Ende: »Das Gedicht hier / ist nicht gedankenlos. Das Gedicht hier ist nicht // gedankenvoll.« (Ww 17) In der letzten Strophe findet sich dann die doppelte Verneinung: »Das Gedicht / hier ist nicht die Verneinung von Montag oder / Donnerstag.« (Ww 17) Sie zeigt an, was der Fall ist. Die Negationen verweisen auf ihr Gegenteil, sie sind nur die in einem anderen Modus vorgetragenen Bejahungen. Das angesprochene »Du« könnte alles Gesagte auch einfach umkehren.

An diesem Text sieht man, wie Denkformen des Redens über Absolutes sich durchhalten, auch wenn sie auf den ersten Blick nicht mehr erkennbar sein mögen. So auch bei diesem Gedicht:

Jemand

Leere Räume
aber da
ist wer.
Ich nicht.

Es ist noch
weniger
es ist
gering.

Ich bin
nicht da.
Einmal hätte
es so sein

können, um
da zu bleiben
nicht weit
entfernt.

Das war noch
nicht genug.
Ich stand
auf, um fort

zu gehen.
Es war, als
hätte einer
gesagt: bleib. (St 100)

Der Text ist durchsetzt von Verneinungen. Allein viermal lesen wir die Partikel »nicht«, dann ist die Rede von »leer« oder der modalen Bestimmung »noch / weniger«. Dazu kommt noch zweimal der Irrealis »hätte«, der als eine weitere Modifikation des Verneinens gelten darf. Meint er eine Aussage oder einen Wunsch? Ein Ungenügen? Oder übersteigt der Vergleich einfach die Vorstellung? Die teilweise unvollständige Interpunktion ist mitverantwortlich für unlogische Anschlüsse zwischen den Aussagen und Strophen. Im Grunde fehlt überhaupt fast jede Kohärenz, die es zuließe, alle Aussagen zwingend aufeinander zu beziehen oder eine Szene mit nachvollziehbarer Narration daraus zu konstruieren.

Das »Nicht« als Satzgliedverneinung ergänzt die Subjektverneinung »Ich nicht« in fortschreitender Veränderung: »Ich nicht« – »Ich bin / nicht da« – »Ich stand / auf, um fort // zu gehen«. Aus dem absoluten Nein wird schrittweise ein konzessives. Und in dem Maße, in dem die Aussagen des Ichs immer mehr zugestehen, scheint sich das Subjekt immer weiter von ihnen zu entfernen. Sichtbar wird eine Art Überstieg des Selbst, wir beobachten am Ende ein Subjekt kurz vor dem Sprung weg vom Selbst. In dem Moment, in dem es sich verlassen (fortgehen) will, übergibt es die Handlungsmacht an die ungenannte, mysteriöse Person (»einer«). Die Negationen sind gebunden an Bejahungen, Vorhandenes deuten sie aus dem Gegensätzlichen. In der ersten und letzten Strophe taucht hier ein rätselhafter »Jemand« auf, einmal angenommen, die beiden Personen seien identisch. Aber wem die Stimme gehört, die sich dem Ich zuletzt im Irrealis zuwendet, bleibt sein Geheimnis.

Das ist alles mysteriös. Bleiben wir beim Identifizierbaren. Wir werden konfrontiert mit einer Rede aus Lücken. Freischwebende Sätze ohne logische Bezüge aufeinander und zwischen den Strophen große Sprünge. Das Ganze wirft mehr Fragen auf als es Antworten gibt oder andeutet. Lücke, Absenz, Erwartung, Stimme – um solche Motive herum ist das Gedicht gebaut. Jede Kausalität in den Aussagen fehlt. Es sind Setzungen, die das im Text Kommende nicht festlegen. Die hohe Unbestimmtheit erzeugt jene »Abflüge«, die in den »unverbundenen Vorstellungen von einem Satz oder einem Satzteil zum nächsten« (Ww 2005, 263) angelegt sind. Weil aber jeder Wink für das Konkrete fehlt, können die Leser alle unbestimmten Positionen mit sehr weitreichenden Assoziationen füllen. Ein Gedicht über Abwesenheit und Erwartung, in dem eine mysteriöse Stimme spricht, kann immer religiose Hintergründe haben. Das ist unvermeidlich. Zumal bei der vorgefundenen Auflösung einer klaren Trennung von Subjekt und Objekt. Sie umschreibt einen Augenblick, eine plötzliche Erkenntnis in einer paradoxen Erfahrung: Eine Wirklichkeit wird sichtbar, aber es ist völlig ungewiss, worum es geht.

Auch andere Autoren arbeiten mit dieser Technik der Aussparung im Text. Brinkmanns Schreibweise lässt sich mit derjenigen Ernst Meisters, dessen Werke der fünfziger und frühen sechziger Jahre ihm bekannt waren, vergleichen. Man nehme *Jetzt* in *Fermate* (1957, Meister I 208) oder *Wieder jetzt* (in: *Flut und Stein* 1962, Meister II 111), Texte, denen, wenn auch nicht immer gleich sichtbar, der eschatologische Bezug eingeschrieben ist (Kiefer 167). Die Synopse mit einem Autor von starker ontologischer Bindung bietet sich an, weil beider Schreibweisen von der fragwürdigen Faktizität der Welt ausgehen, weil beide ihre Kritik an einer Entsprachlichung der Sprache durch den Alltag eint und weil sie der gesuchten lyrischen Sprache die Qualität einer wahren Äußerung zuschreiben (Kiefer 12–15). Die Schlichtheit, die karg stilisierte und widerständige Formulierung erhält bei Meister eine höchste Auszeichnung, dient sie doch der verbalen Fixierung des eschatologischen Ereignisses (Kiefer 144). Ein Gedicht ist überschrieben: *Wenn die Dinge Pause haben* (in: *Zahlen und Figuren* 1958, Meister I 266), dann erscheint der Augenblick im Gedicht. Wie Meister setzt auch Brinkmann sein »Jetzt« immer neuen sprachlichen Verifikationen aus.

Die Ästhetik der Präsenz wäre daher um einen Aspekt zu ergänzen, dem sich die Forschung bisher nicht aufgeschlossen zeigte. Der ungeduldige Ruf nach dem »Jetzt, jetzt, jetzt« (Erk 240), keinesfalls tautologisch, erklingt in der immer wieder in neuen Tönen vernehmbaren Denktradition. Plötzlich erscheint nicht nur etwas Neues, der Ausnahmezustand lyrischer Arbeit ist zuerst negativ, er vernichtet Altes. Brinkmann schreibt *Ein unkontrolliertes Nachwort zu meinen Gedichten* (*1974/1975*), das schon im Titel die folgende zentrale Aussage vorwegnimmt: »Jedes Gedicht enthält in sich die Verneinung der Sprache.« (Ww 2005, 271) Und: »Poesie ist immer das, was nicht gesagt, nicht formuliert worden ist.« Denn sie »zeigt auch, im Negativ, das Zufällige« (Ww 2005, 277). Das Aufzeichnen dieses Zugefallenen steht, entgegen jeder Beteuerung, in einem ganz konkreten zweckhaften Zusammenhang. Der in der Negation gefundene Zufall, das dem Suchenden zugefallene und nun zugängliche Wahrnehmungsobjekt, schafft nämlich Raum für »Entrückungen«, es bietet ihm »Entrückungsmöglichkeiten, andere Ebenen [...] Abflüge« (Ww 2005, 278).

Nicht vom Schweigen oder Verschwinden der Sprache ist die Rede, sondern davon, dass der Text im und durch Sprechen verneinen soll, mithin eingeführte Sinn- und Sprechfiguren durchstreichen, ihre Referentialität aufheben muss, damit Sprache wieder etwas von Gewicht zu sagen hat, damit Präreflexives zum Vorschein kommt, damit wahrhafte Kommunikation überhaupt möglich wird. Erst wenn die gewöhnliche Rede versickert, wenn sie in der Verneinung der bekannten Sprache verschwindet, kann die neue beginnen. Zwar muss der Lyriker konstatieren, »die richtige Sprache gibt es nicht« (Ww 73), gleichwohl führt ihn seine »Sehnsucht nach wortloseren Zuständen« (Ww 107) grundsätzlich »über Wörter hinaus« (Ww 162). Wenn das Ich nur solche »Wörter benutzen« kann, »die nicht zu benutzen sind«, dann erst kann es »sprechen zu denen, die ich liebe« (Ww 50) und wird die ungeheure »Freiheit« geradezu körperlich spüren, »sobald ich die Grenze, die zugleich die Grenze der Sprache und des Verständnisses war, das verordnet wurde, verließ« (Ww 52).

Da sind zentrale poetologische Gedanken aus *Westwärts 1 & 2*. Was ist der wortlose Grund bei Brinkmann? Das ist eindeutig eine sprachmystische Idee. Es geht um Lyrik, deren Sprache einen mytho-affinen Charakter annimmt. Das Sprachereignis, das als Gedicht vom exzeptionellen Augenblick kündet, der nur in ihm erfahrbar sei, ist für die Leser eine Verkündigung. Hier gibt es keine Verherrlichung des Alltags ohne Rede vom Absoluten und Höchsten. Man entkommt dem nicht, das schwingt mit. Leslie Fiedlers erwähntes Wort von der »Skelettlyrik« bewahrheitet sich. Skelett ist der materielle Rest des Gedankens, der von einer unwiederbringlichen Wirklichkeit zeugt. Die »Leere[n] Räume« um das Ich, die entstehen, wenn die gewöhnliche Rede versickert, sobald die höhere Sprache anhebt, all das hat existentielle Relevanz – als Sprachbewegung.

Was bleibt vom eschatologischen Augenblick, von seiner Beschwörung übrig, wenn ihm der konkret benennbare Bezug fehlt? Anders gefragt: Ist das lyrische Herausstellen eines existentiellen Augenblicks ohne Grund möglich? Das Anrufen des Augenblicks muss dennoch nicht einfach sinnlos bleiben. Sind das nur »Leere Räume« (St 100) bei Brinkmann? Das Negative ist nicht einfach »leer«. Immerhin ist das Anrufen als solches vernehmbar. Die Erfahrung im Raum der Transzendenz bleibt doch spürbar und aller Anstrengung wert. Das oben konstatierte Versickern der Rede scheint demnach die Voraussetzung dafür zu sein, dass die negative Potenz der Sprache hervortreten kann. Die Redewendung vom Sinn, der sich zwischen den Zeilen findet, ist nicht falsch. Es geht um das negative Potential der Sprache.

Dirk Westerkamp hat in seiner Studie über die »Via negativa« die Geschichte dieses Denkens erklärt und die Voraussetzungen solcher Texte an der Grenze der Sprache, an der Grenze des Sagbaren nachgewiesen. Ihre Negativität, das Nichtbestimmbare soll produktiv werden, hervortreten in einem Modus des Sprechens, der verfremdend wirkt. Die Texte fangen das Nichtbestimmbare ein. Sie agieren an der Grenze des Fassbaren, des mit Sprache überhaupt Zugänglichen. Ihr Thema ist diese Grenze des prädikativ Bestimmbaren. Um etwas sagen zu können, versuchen sie den nicht weiter ausgewiesenen Gegenstand zu isolieren, das Objekt ohne Bedeutungshof darzustellen. Aber das können sie nur bedingt. Die Worte, die sie daran knüpfen, sollen ja von etwas Unbekanntem, bis dahin nie Gesehenen zeugen.

Das wollen die Gedichte in einer Sprache der Grenze nutzen. Die Sache hängt an der Frage, welcher Stellenwert der Negation zukommt. Was den Texten an »gesättigter« Erfahrung fehlt, holt das lyrische Sprechen ein. Das gleichzeitige Zusprechen und Absprechen von Bestimmungen setzt erhebliches Potential frei. Heinz Schlaffer hat in dieser Gleichzeitigkeit von archaischer Ansage und Schmähung magischer Praktiken ein Kennzeichen moderner Lyrik gesehen und von ihrem »Pathos der Verneinung« gesprochen (Schlaffer 28, 102, 168). Man darf aber bezweifeln, dass darin nur ein vormoderner Rest zitatweise aufleuchtet oder dass in Gedichten »eine andere Religion als außerhalb«, eben eine »moderne Entsprechung zur archaischen Geistersprache« herrscht (Schlaffer 169, 174, 191, 198). Immerhin erklärt der historistische Ansatz Schlaffers, warum die religiöse Anverwandlung im modernen Gedicht mit reduzierter Sprache (noch) funktioniert. Wenn die Lyrik gleichsam als Archiv der Archaik, als Speicher von untergegangenen Sprechweisen fungiert, ist sie auch in moderner, wie auch immer veränderter Gestalt prädestiniert für den Anschluss an die »Stabilität« der langen Tradition (Schlaffer 173). Und auch ihre Leser wie Schlaffer führen die Tradition selbst mit sich und tragen sie, angeregt von den mysteriösen Sprachoperationen im Text, wieder an das Gedicht heran. Aber suchen und genießen sie wirklich nur das Unzeitgemäße?

Den Eindruck des Unzeitgemäßen hinterlassen die Gedichte Brinkmanns doch keinesfalls. Im Gegenteil. Brinkmann sucht eine neue Literatur an der Grenze. Er schreibt Lyrik in einer Sprache an der Grenze des Sagbaren. Das ist legitim und verbindet ihn mit anderen wie Paul Celan oder Ernst Meister, wie William Carlos Williams oder Robert Creeley. Stenogrammartige, vollkommen durchsichtige Gedichte wie *Es geschieht alles erst jetzt* von Walter Helmut Fritz (*Bild und Zeichen* 1958) regen ihn dazu an. Die plötzliche, unmittelbare Gegenwart ist qua Definition nicht mitteilbar; jede Mitteilung kommt zu spät und verfälscht das Ereignis im Nachhinein. Das Gedicht will eine Größe als vorhanden setzen, von der zugleich nur gesagt werden kann, dass sie unerkennbar sei. Und eben dieses eigenartig Negative ist es, was einen Sinn noch dort ermöglicht, wo wir ihn zuletzt suchen würden. Das reflektieren raffinierte Gedichte wie dieses:

Zwischen den Zeilen

Zwischen
den Zeilen
steht nichts
geschrieben.

Jedes Wort
ist schwarz
auf weiß
nachprüfbar. (St 60)

Eine tiefenhermeneutische Exegese wäre möglich und notwendig. Ein weit ausgreifender Exkurs über die Sprache und ihre Leistung wie über ihre Grenzen, am Ende wäre gar noch von Geist und Buchstabe die Rede. Welcher Text ist gemeint? Die Bibel doch nicht? Wo also »steht nichts / geschrieben?« Und wenn wir das »nichts« als Substantiv, in Anführungszeichen im Geiste lesen? Wäre es dann »nachprüfbar«? Das alles gehörte hierher, geht es doch um weit mehr als nur das konkrete Arbeitsmaterial des Dichters. Direkt und wörtlich genommen sind alle Aussagen im Gedicht zutreffend und lassen sich auf den vorgelegten Text selbst anwenden. Aber man kann die ganze Aufmerksamkeit auch auf das Umschreiben eines Geistigen lenken. Dann darf man den Äußerungen nicht wörtlich folgen oder ihnen einfach Glauben schenken. Plötzlich ist es ein Gedicht über das, was nicht gesagt wird. Wie unvermittelt tritt die Frage auf, ob sich ein Text immer auch etwas Höherem verpflichtet. Es ist noch nicht einmal angedeutet und doch, wie der Leser spürt, ist etwas irgendwie gegenwärtig, was der Text umspielt. Die Redewendungen der beiden Strophen werden plötzlich zu mehrdeutigen Metaphern. Das Gedicht scheint dieses Gemeinte augenzwinkernd dem Einverständnis des Lesers preiszugeben.

Im Zusammenhang seiner Überlegungen zur »Transzendenz der Sprache« beschreibt Thomas Rentsch (Rentsch 2005, 186) die Struktur solcher Substitutionen des Absoluten (Göttlichen, Heiligen) in der modernen Kunst. Die dort anzutreffenden Surrogate seien zugleich aber nicht verständlich ohne den Kontext von Mystik, Religion und Christentum. Geprägt von starker Negativität, reden die Kunstwerke vom Unsagbaren, vom Verborgenen, Verdeckten. Sie berufen sich auf das Absolute, das unverfügbar, entzogen und unfassbar bleibe und so die innere Unendlichkeit für den Menschen freisetze (Rentsch 2011, 390). In Wahrheit schöpfen die Werke gerade aus dieser Negativität – unter bewusstem Einschluss des verborgenen Bezugs auf bekannte metaphysische Traditionen – ihren Ausnahmestatus. Nur indem der Mensch diese Wirklichkeiten sieht, kann er ihre praktische Bedeutung für sein wahres Selbstverständnis begreifen oder in sein Selbstverhältnis einfügen. Die Negativität dieser Ersatzformen jedoch begründet auch ein Defizit, das nie zur Sprache kommt. Es bleibt erkennbar in der Ambiguität der Sprache und der Motive. Da es grundsätzlich keine Beschränkung für immanente Transzendenzerfahrungen gibt, kann der Absprung in die Unendlichkeit überall beginnen. Das ist eine Sache der inneren sinnlichen Öffnung. Die verlorene Ganzheitlichkeit findet sich dann im gänzlich Unscheinbaren. Ein Vogelflug, ein Augenblick, ein Geräusch oder, wie in unseren Gedichten, etwas »Anwesendes«, ein »Größeres«, ein »Jemand«, die in beliebigen Gestalten auftauchen. Immer entziehen sich die Dinge dem Begriff, bleiben eingeschlossen in eine fast unzugängliche Gestaltung, bedienen sich einer rätselhaften Bildlichkeit. Das kann sich als Ungenügen am Metaphorischen äußern, als Unbehagen an der Metapher. Auch am biblischen Bild, mit dem das Gedicht *Zwischen den Zeilen* spielt, im Bibelzitat »Es stehet geschrieben«. Die Formel leitet an mehreren Stellen des Neuen Testaments (Matthäus 4,4f.; Lukas 4,8–10 und 17; Römer 14,11) den Beginn des öffentlichen Wirkens Jesu ein, der sich mit diesen Worten in der Synagoge an die Schriftgelehrten, seine ungläubigen Zuhörer, wendet. Alleine an dieser Szene könnte eine Interpretation des kleinen Gedichts anknüpfen, gewissermaßen als Kommentar zur Bibel – mit weitreichenden Folgen für das kleine Pronomen »nichts«. Solche Negativität, dieses Unsagbare, nicht Vergleichbare war eben auch ein Charakteristikum negativ-theologischer Transzendenzerfahrung spätestens seit der mittelalterlichen Mystik (Rentsch 2011, 382–393). Rentsch erkennt die identische »Funktion der Einbildungskraft in Ästhetik und Theologie« in vielen Beispielen und Erklärungen für die »strukturell konstitutive Negativität« (Rentsch 2011, 387). Das ist keine Frage von Epoche oder Modernität mehr: Mit diesen Tiefendimensionen ästhetischer Erfahrung waren sinnliche Formen von Unendlichkeit in allen Zeiten verbunden.

Augenblick

Immer häufiger schafft Brinkmann derartige Momente der Erhabenheit. Er schreibt sie herbei, sie wirken zugleich geistig fassbar und werden doch von keiner Sprache ganz erreicht. Was einmal die Anrufung, die ansagende Rede in der Religion war, ist reduziert auf die beschwörende Nennung der vereinzelten Dinge, die dann so stark in das Bewusstsein treten, »als wären sie lebendige Personen« (Ww 52). Seltsam: Das Magische in ihnen darf dann als zulässig gelten, wenn es sich um den Alltag handelt. Der Eindruck entsteht, nur diese Weise der Darstellung einer Heiligung sei für Brinkmann noch akzeptabel und unangreifbar. Manchmal konzentriert sich alles auf das Einzelwort, dem der Vers mit der Alleinstellung erhebliches Gewicht beimisst. Kürze ist das Strukturmoment der Negativität. Die Überfülle des Moments wäre unerträglich, so wie zu viel Licht das Auge blendet. Lobpreis und Schmähung liegen eng beieinander, sind nicht immer zu unterscheiden. Das Aushalten, Standhalten wird so zu einer Aufforderung im Umgang mit den bedrängenden Dingen des täglichen Lebens. Das ist aber auch die Einbruchsstelle für die Metaphysik in der lyrischen Sprache.

»Plötzlich, wie das Wort plötzlich« taucht ein Satz auf (Ww 22), so heißt es im Gedicht *Ein Tag an der Grenze*, mit der ein Aufenthalt an der »Grenze der Sprache« (Ww 52) gemeint ist, denn das Gedicht besteht aus einer ununterbrochenen Abfolge von lauter unterschiedlichen Sprechakten. Jeder Vers, jeder kommunikative Akt des Gedichts spürt etwas Numinoses dort auf, wo es niemand vermutet, wo es keiner je gesucht, selbst nicht in den einfachsten Wendungen. Der Kult des Augenblicks wird zum Ausgang für eine erleuchtete Erfahrung. Diese Umsetzungsform von Wahrnehmungen in poetische Bilder ist typisch für die Reduktionsästhetik in der Lyrik der Zeit. Man muss nur unterscheiden. Einerseits den Augenblick als phänomenologisch fassbare Erlebniseinheit und andererseits den Augenblick als Metapher. Auf dieser Ebene wiederholt sich die Parallele von Religion und Literatur. So wie beide den Diskurs der Transzendenz bedienen, zehrt auch das Gedicht von der Überschneidung mit dem phänomenologischen Objekt. Der poetische, kreative Akt unterscheidet sich nicht fundamental davon, denn der stillgestellte Augenblick im Text ist ein oft in aller Langsamkeit erzeugter Schreibzustand und sein Objekt ein nicht selten mystischer Zustand. Die schriftliche Anwesenheit der »Jetzt«-Zeit ist gleichfalls ein zum Nunc stans gefrorener Zeitausschnitt mit mythischen Attributen. Der erschriebene Augenblick der Ewigkeit, so beseligend er sein möchte, kann noch nicht einmal den Schreibakt selber festhalten. Aber er ist seine Beschwörungsformel. Darin allerdings ebenso einzigartig wie unübertrefflich.

»Objektlose Religiosität« hat der Dichter Hans-Jürgen Heise seinen Befund bei Ernst Meister genannt (Heise 63–75). Er meint Meisters »negative Religiosität« und er sieht darin, wenn auch kritisch, eine spezifisch moderne Variante der religiösen Literatur. Gott als personales Zentrum fehlt in seinem Denken, die im Diskurs frei gewordene Position füllt das »Nichts«. Das ist nicht zu verwechseln mit Atheismus. Es ist vielmehr ein »Dilemma«, denn die Idee der Metaphysik, wie reduziert oder verborgen auch immer, besteht fort. Eine ähnliche Denkfigur finden wir bei Brinkmann. Sie begegnet uns vornehmlich als eine sprachliche

Operation. Die Religion ohne Gott dürfen wir auch ihm zugestehen, aber die Texte feiern nicht das Nichts, sondern sie ersetzen Gott durch einen Zustand der Wortlosigkeit. Auf diesen Zustand bezieht sich sein Schreibakt im herausgehobenen Moment, den Brinkmann unermüdlich feiert. Er treibt das endlose Schreiben mit seinem »Abschweifen aus der Gegenwart, die noch nie Gegenwart gewesen ist« so weit hinaus (Ww 2005, 277), bis er in einer »guten Gegenwart« ankommt (Ww 2005, 318). Im Glauben an die Kraft des Schreibens stecken hohe Erwartungen. Seine Arbeit an der Sprache muss Figurationen der Transzendenz in einer möglichst prägnanten Diktion herstellen: »plötzliche Erleuchtungen, was immer das ist« (Ww 2005, 313). Die lyrische Verwendung macht die Sprache durchlässig, sie ist eine entgrenzende Sprache, sie versetzt den Leser in die unbeschreibliche Gegenwart der wahren Existenz. Das meint Brinkmann mit »Entrückung« und »Abflug«, er wählt diese (nur zum Teil modernen) Worte für Transzendenz.

Solche Figuren des beschworenen Augenblicks bietet Ernst Meisters Gedicht *Ein Stück Zeitungspapier* (in: *Zahlen und Figuren* 1958, Meister I 279), es findet sein Pendant in Brinkmanns *Nature morte* (St 50). Ein Hund ohne Gesicht, ein verfaulter Apfel, die Zeitung von gestern. Drei knapp genannte Erscheinungen, und das alte Vanitas-Motiv wird in der Epiphanisierung des Einzelworts erneuert. Oder das Filmgedicht *Cinemascope* (St 295), das den »klaren Himmel« wie eine »Leerstelle der Transzendenz« (Röhnert/Geduldig I 272) mit der Kinoleinwand verschmelzen lässt. Die »weiße Lein- / wand« wird in der letzten Strophe geradezu beschwörend noch zwei Mal »absolut weiß« genannt (St 295). Das Absolute daran wird sogar zweifach hervorgehoben, durch Zeilensprung und Absetzung mit dem Doppelpunkt: »sie ist ab- / solut: weiß!« (St 295), als würde die Leinwand beim Sehen des Films nicht mit dem

Wahrgenommenen eine Einheit bilden. Wenn nichts hinter der »Leinwand« steht, ist sie »absolut« – und damit schon wieder mehr als der bloße Gegenstand, den das Wort bezeichnet. Solche latent metaphysische, beschwörende Anrufungen moderner Objekte sind bei Brinkmann viel häufiger als die angeblich völlig neutrale Poetologie der Oberfläche erwarten lässt.

Wie ein Pilot (St 226) ist ein verkapptes Todesgedicht, das den im Blau verschwindenden Piloten als kleinen Punkt im Auge mit der eigenen Todeserfahrung verbindet. *Auge* (St 227) zerdehnt einen Augenblick in einer kosmischen Erfahrung mit dem alten Bild der Providenz, in der »das Auge […] über ihm« sich »nicht mehr schließen« würde. *Ein letztes Geräusch als letzte Wärme* (St 262) bespricht im Parlando-Ton eines Ted Berrigan die letzten Züge, »bevor nun wirklich alles aus ist«. Dasselbe Thema gestaltet *Es ist hell* (St 264) als Etüde aus Redewendungen, bei der das dahingesprochene Wort plötzlich unheimliche Züge annimmt. In einem völlig versachlichten Leben, mitten in einem kollektiv verarmten Dasein sieht sich Brinkmann als fragilen und gefährdeten Lyriker, der um die Abwehr des Bedrängenden, Schäbigen und Gewöhnlichen der überall drohenden Zumutung schriftstellerisch ringen muss. Er fühlt sich als Chronist des Schlimmen, Miesen und Verkommenen, den keine Perversion unberührt lässt. Das »trostlose Panorama« und die dem wahren Leben abträgliche »Gesamtatmosphäre« (Ww 2005, 305) provozieren in ihm den »Widerstand, eine Auflehnung« (Ww 2005, 306). Gegen die

> verdreckte schöne Erde, verrostete Erdgeister, […] von Religion einzementierten Fotzen, Schwänze, Heilige, Gangster, Umwandlungen von Religionsglaube in Politikglaube und Industrie, die Metaphysik des Plastik, der Kunststoffe – zugeschüttete Sinnesorgane (Ww 2005, 306)

hilft nur die »klare deutliche Anwesenheit« (Ww 2005, 306), in die ihn das Gedicht rettet, der »plötzliche Ausbruch« (Ww 2005, 307). Das kann man »metaphysischen Realismus« nennen (Röhnert/Geduldig I 228), weit eher scheint es die verzweifelte Manifestation eines Augenblicks zu sein, der sich lieber mit einem eschatologischen Hintergrund verknüpfen würde. Aber der soll ausgetrieben, auf jeden Fall umgangen werden und verschwindet eben doch nicht einfach. Auch *Bestimmte Orte* (St 271) stellt »Leere Räume« an den Anfang. Es ist die Fortschreibung von *Jemand* (St 100), die aus dem vorangegangenen Text vier Strophen aufnimmt. Wieder eine mysteriöse Begegnung zwischen Ich und Du mit der Doppelung von Erinnerung an einen Ort und Wiederkehr zu einem früheren Ort. Schon die erwartete Bestimmung bleibt aus: »das war so ein Platz / der da war, sonst nichts.« Das wiederholt die übernächste Strophe: »weil / er einfach nur da war / und sonst nichts.« Im dritten und letzten Abschnitt reden sie darüber, »sie« sagt, es ist »derselbe Ort« und er »sag[t] dasselbe« (St 272). Weder hat eine Bestimmung stattgefunden, noch herrscht irgendeine Klarheit darüber, wo man ist. Der Titel spielt mit der Orientierung, dem Sich-Auskennen. Aber wieder kann der Leser den beschworenen Augenblick interpretatorisch nicht auflösen. Das Spiel mit der topischen Identität von »derselbe Ort« und »dasselbe sagen« bietet keinen Halt (St 272). Wir stehen vor einer gleichermaßen real beziehbaren wie vollkommen metaphysisch interpretierbaren Szene, rein aus einer Sprache höchster Konkretion geschaffen.

Während sich Ernst Meisters Religiosität an kein Objekt wenden kann, weder Mensch noch Gott in ihrem unendlichen Raum birgt, ist Brinkmanns Empfindung, die gewiss nicht so weit geht, wenigstens noch von der Verstörung über das Fehlen solcher Bezugspunkte irritiert. In der Art und Weise, wie er sich sinnlich vom Unsagbaren überwältigen lässt, tut sich etwas Besonderes kund. In der Art und Weise, wie er religiöse Akte im Alltag geradezu sucht und erfolgreich aufspürt, in der Art, wie er seine Coolness aufgibt und Strategien der Heiligung den Dingen einpflanzt, findet er in ihnen und durch sie das Gesuchte. Beinahe versöhnlich klingen solche Momente. Leben, Intensität, Schönheit – mit seiner Trias der schriftstellerischen Motivation entwickelt Brinkmann ein bemerkenswertes Gespür für das Unendliche im anscheinend Wertlosen unserer Zeit. Er ist entsetzt über die Abgründe der modernen Lebensbedingungen. Er ist verstört über die Hässlichkeit der uns umgebenden Konsumwelt, die er nur vollständig verdammen kann. Aber er schafft Momente eines spirituellen Glücks im Banalen. Das ist religiös. Trotz allem sind die Gedichte nie nur negativ, sie transzendieren das Stoffliche, aus dem sie bestehen, und benötigen die »dirty speech«, um uns aufzurütteln. Und die Dialektik seiner lyrischen Sprachbehandlung bedeutet: Aus ihrer Negativität leuchtet uns der ästhetische Schein wie ein irreales Flackern entgegen und wie ein nie mehr für möglich gehaltener Glücksmoment. Mitten in der schlechthin notwendigen Verneinung alles Begegnenden blitzt ein begeisteter Augenblick auf und lässt das wiedergewonnene Leben erahnen.

Tiefer in die Straße hinein

Zuletzt bietet das *Gedicht »Nacht«* (St 338) einen ganz zeitgemäßen Blick in die Existenz ohne Gott. Mit seinem in Anführungszeichen gesetzten Tageszeitenmotiv und den ersten Versen wirkt der Beginn wie die definitive Abkehr von der Tradition. Dann jedoch bindet der Text die geläufige, vielfach benutzte Antithese von Nacht und Licht sofort in das Thema Verzweiflung ein und stößt den Leser in seinen Assoziationen mit dem erwähnten und kursiv gedruckten Titel »*Die Verzweiflung*« direkt auf Kierkegaard. Christian Metz hat nachgewiesen, wie genau die zentrale Erinnerungsszene in den Strophen drei bis sechs in Analogie zu Kierkegaards *Die Krankheit zum Tode* gebildet ist und zugleich wie ein Alltagserlebnis aussieht (Röhnert/Geduldig I 294–307). Die literarische Reihe der Nacht-Gedichte reicht allerdings über die Romantik hinaus zurück in die spätmittelalterliche Mystik. Das ist nicht ansatzweise untersucht, und Metz geht darauf auch nicht ein. Wie die gesamte Reihe ruft auch dieses Gedicht die »Nacht« und das »Licht« schon mit den ersten Versen an. Die große Affinität der Mystik zum Paradox hat die geistliche Lyrik des Barock kultiviert. Nicht nur die Gedichte auf die »lichte Nacht«, die »beglückende Nacht«, auf die »Nacht, lichter als der Tag« von Johannes vom Kreuz bis Andreas Gryphius ließen sich hier anführen. Auch die mystische Epigrammatik oder die Meditationsdichtung zehren lange von der kunstvoll widersprüchlichen Schreibweise.

Die Bildszenen im Zentrum sprechen von einer Selbstbegegnung in traumartigen Sequenzen, in denen eine Kindheitserinnerung mit der eines Erwachsenen überblendet wird. Erstere war »leer« und zugleich »ganz anders« (St 338). Ohne Erfolg sucht das lyrische Ich ein »Bild für die Ruhe«. »Verzweiflung« – »Tod« – »Angst« – »Ruhe« – »Liebe«, liest man den im Text genannten Stichworten entlang durch die einzelnen Strophen hindurch, ergibt sich ein Reflexionsgedicht über die Lage des modernen Menschen, aufgezeigt an einem Albtraum, eine durchaus im Sinne von Novalis kritisch reflektierte, zeitgemäße *Hymne an die Nacht*. Am Ende deutet es aber den Weg aus der Hoffnungslosigkeit wenigstens an. Die Verzweiflung ist ein Existenzial, in dem sich der Gottesverlust reflektiert wie in den spiegelbildlichen Erinnerungen in der Mitte des Textes. Aber sie ist ein reflexiver Akt und Zeichen einer starken metaphysischen Erregung. Das Gedicht stellt sie so dar, dass das Ich nicht einfach in sie hineinsinkt, sondern ein geliebtes Du anspricht und darüber schreibt. Die Erkenntnis, im Dunkeln zu liegen und doch »keine Angst mehr« zu haben, mündet in die paradoxe Kommunikation zwischen einem Ich und einem Du. Im Hin und Her zwischen »lieben« und »nicht« lieben können äußert sich zwar die Unentscheidbarkeit der ganzen Situation, aber das scheint das geringere Übel im Vergleich zu den vorher durchlebten Schwierigkeiten im Umgang mit den vom eigenen Selbst hervorgerufenen Unheimlichkeiten. Das wenigstens äußerlich wiedergewonnene Vertrauen in die Alltäglichkeit (die »Manschettenknöpfe« sind am Platz, die »Stiefeletten« stehen an der gewohnten Stelle, alles ist »wie immer«) stellt eine Rückkehr in das Gewohnte dar, zu der sich das Ich mühsam vorgetastet hat.

In einer unspektakulär wirkenden Szenerie setzt das Gedicht die »Ästhetik des Augenblicks« (Röhnert/Geduldig I 306) aus einem komplizierten Wechsel von Erinnerungsbildern in einer paradoxen Struktur um. Und kann so glaubhaft von der Gefährdung der haltlosen Subjektivität sprechen. Aber dieser zelebrierte Augenblick hat hier in seiner Zeitlichkeit eine reichhaltige Gliederung, die Gegenwart und Vergangenheit umfasst. Er scheint wie bei Kierkegaard der Punkt zu sein, an dem Zeit und Ewigkeit einander berühren, so dass alles andere unwichtig wird. Brinkmann bindet solche existentiellen Themen gerne in ein undramatisch wirkendes Parlando ein. Und gerade darin schließen seine Texte doch auch an eine lange Tradition an. Das ist das Schwerste: Über solche Dinge schreiben, ohne dass der Leser das als aufdringlich empfindet. Das Gedicht muss nicht vom Absoluten reden und kann doch ein Gespür dafür wecken. Der Text stellt eine Sache so in die Welt, dass wir die Unruhe in unserer Existenz bemerken. Der starke Zug ins

Ungegenständliche weist darauf hin. Von der konstitutiven Brüchigkeit des Ichs sprechen auch viele andere Gedichte. *Alle Gedichte sind Pilotengedichte* schließt: »auch du bist ein Pilot / am / ENDE.« (St 277) Es greift das Thema vom Verschwinden des Subjekts als winzig kleiner Punkt am Himmel (St 226) wieder auf und setzt in fett gedruckten Versalien das Wort »ENDE.« an den Schluss des Bandes (277).

Im *Gedicht über ein altes Thema*, bisher nicht in Ausgaben des Autors aufgenommen (Akzente 18/1971, Heft 1, S. 6f.), schreibt Brinkmann über den Tod und lässt das Gedicht am Ende in ein Zitat aus Ted Berrigans *Fresh Windows* münden: »Death is a moron« (Berrigan 61). Auch im veränderten Zitat finden wir wieder die negative Methode: »Ich begriff, / *»wer stirbt, ist / ein Idiot«*. Der Text reiht unauffällige Szenarien aneinander, die wie auf einem Lebensweg aus belanglosen Wahrnehmungen am Ende ihre wahre Bedeutung enthüllen. Darunter ein ganz unauffälliges Signal, das aber doch tiefere Bedeutung hat: »Wohin / zeigte das / Straßenschild? / Es zeigte tiefer / in die Straße / hinein.« Die »via negativa« Brinkmanns ist eine Methode des kunstvollen Sprachgebrauchs in einer modernen Lyrik der Transzendenz. Im wörtlichen Sinne ein Weg. Sein Weg, den er gehen musste.

6 Weltliches Geheimnis

Die strukturellen Korrelate zwischen Religion und Dichtung beschäftigten auch schon die Ästhetik seit der Zeit um 1800. Damals war die epochale Befreiung des Kunstwerks aus seiner religiösen und konfessionellen Indienstnahme vollendet, die vollkommene Ablösung von außerkünstlerischen Belangen jeder Art schlug erstmals zu Buche und wurde unmissverständlich gefordert (Wackenroder, Tieck, August Wilhelm und Friedrich Schlegel, Hegel). Fortan schien sich die Kunst völlig ohne religiöse Funktionen frei entfalten zu können oder sie nahm als Kunstreligion deren Platz ein. Brinkmann beschäftigte sich mit den romantischen Literaten, las sie ausgiebig und seine eigenen Texte zeigen, dass er ihre ideellen Ansätze beherzigt hat. Der Zwiespalt zwischen autonomer Kunst und verdeckten religiösen Hintergründen findet sich aber selbst bei den radikal Modernen, die gänzlich jeder Religion entsagen und die Kunst allein aus sich heraus begründen. Dennoch kam die Auseinandersetzung damit bis heute nicht zur Ruhe. Periodisch flackern Bewegungen auf, die sich auf die eine oder andere Seite schlagen, ohne sie zu überwinden. Ganz abgesehen von den drängenden Aufgaben, die sich seither mit größerem Nachdruck stellen.

Vielleicht ist die Diagnose von Mircea Eliade in seiner Schrift *Das Heilige und das Profane* ganz einfach richtig, wonach der moderne Mensch nie völlig unreligiös ist, wonach er keine wirklich vollkommen profane Existenz führt, auch wenn er sich das nicht eingestehen mag (Eliade 1957, 14). Selbst die vollständig »desakralisierte Welt« hält wenigstens in der Natur noch »Zauber, Geheimnis und Majestät« bereit, und »daraus lassen sich Spuren der alten religiösen Werte herauslesen« (Eliade 1957, 89). Brinkmanns Anfänge fallen in diese Zeit nach dem Krieg, in die Eliade solche Befunde hineinspricht, jedenfalls trägt auch er den konstatierten Widerspruch in sich aus. Eben die typische gegenseitige Bedingung des Heiligen und Profanen, die Abhängigkeit des nicht religiösen Menschen, den Eliade aus dem »Homo religiosus« hervorgegangen sieht, zu dem er nun in Opposition tritt. Seine trotzige Gegenwehr mag noch so radikal sein, sie ist Erbe und Produkt dieser Vergangenheit, sie schleppt unbewusst religiöses Verhalten mit, lebt von einer verkappten, abgesunkenen Religiosität und deren Spuren führen bis in ihre Privatmythologie hinein (Eliade 1957, 120–126). In der Sichtweise Eliades gehören zu den Mythen des modernen Menschen auch die künstlerischen Ersatzparadiese.

Die Hierophanie, sagt Eliade, ist eine Manifestation des Heiligen im Profanen. Sie zeichnet sich dadurch aus, dass sie den weltlichen Gegenstand mit anderen Augen ansieht, dass sie ihm eine neue Bedeutung verleiht und ihn darin auf veränderte Weise wahrnimmt. Aus dem Stein ist ein heiliger Stein geworden. Durch die »Beleuchtung«, wie Brinkmann sagen würde, verwandelt sie das Normale in das Außergewöhnliche, Überraschende, in die Inkarnation eines Überirdischen. Das »Paradoxon der Hierophanie« bleibt bestehen, wonach der Gegenstand, der jetzt Heiliges offenbart, »zu etwas ganz anderem« wird und doch gleichzeitig »er selbst« bleibt, indem er weiterhin Teil hat an seiner gewohnten Umwelt (Eliade 1957, 9). Der exzeptionelle Augenblick vollzieht eine Hierophanie. Und wenn die Kunst die Verwandlung darstellt, schafft sie nichts anderes als eine Form für eine weitere Erscheinung einer Hierophanie, freilich unter veränderten medialen Vorzeichen. Die Kunst selber leistet mit ihren Darstellungsmodi eine Manifestation. Den doppelten Aspekt der Hierophanie in der Kunst darf man natürlich nicht einfach übergehen.

Diesen nicht in toto gelingenden Abfall von der Religion und die daraus resultierenden Reaktionen thematisieren einige Autoren der Avantgarde ausdrücklich. In seiner Zeitdiagnose erklärt Jean Gebser im problemgeschichtlichen Kapitel »Die Welt ohne Gegenüber« am Beispiel der modernen Malerei die Ablösung von der Gegenständlichkeit und den befreienden Aspekt zu einem solchen Akt, in dem die unverstellte Fülle einer selbst geschaffenen Welt erstrahlen darf. Er zitiert als Beleg ein Wort von Alexej Jawlensky: »Die Kunst ist sichtbarer Gott« (Gebser 125–132). Die Hybris des Künstlers schreckt nicht vor der »verwerflichen Hypostasierung der Kunst ins Religiöse« zurück (Gebser 132). Auch Jean Cocteau, dessen Filme und Gedichte Brinkmann schätzte, leitet seine *Versuche* von 1932, die 1956 in deutscher Sprache vorlagen, mit dem bezeichnenden Kapitel »Das weltliche Geheimnis« ein. Dort finden sich ähnliche Thesen:

> Die Ästhetik Gottes untersteht keinem Urteil. [...] Der Mensch ist nach dem Bilde Gottes. Wenn ein Künstler, den ich bewundere, mich irremacht, gilt es einen Glaubensakt zu leisten. [...] Man spricht immerzu von religiöser Kunst. Die Kunst *ist* religiös. Eine wahre Kreuzigung entsteht aus den Zornausbrüchen Picassos gegen die Malerei. Werke aus Nägeln, Wäschestücken, Stoffetzen, Holz, Blut und Galle. (Cocteau 1956, 22f. und 41)

Cocteau feiert die eigene Epoche als »Zeitalter des Mysteriums«, in dem die geheimnisvolle Größe nicht nur lebt, sondern in der Kunst erst richtig zur Blüte kommt. Artisten wie Giorgio de Chirico, den »Maler des Mysteriums«, und Pablo Picasso, »ein geheimnisvoller Maler«, auch er vom

»Mysterium« umweht, nennt er »religiöse Maler ohne den Glauben«, sie sind die »Maler des weltlichen Geheimnisses« (Cocteau 1956, 45 f.). Die Welt bedarf der Wunder und die Künstler liefern sie. Es sind freilich solche, die sie selber hervorbringen.

In der avantgardistischen Umwertung der artistischen Transzendenz zur ästhetischen Utopie – man kann darin Hybris und eine Usurpation erblicken – liegt der Unterschied zu einem christlichen Begriff von Kunst. Dennoch findet der katholische Philosoph Romano Guardini in seiner Schrift *Über das Wesen des Kunstwerks* (1948) zur gleichen Definition wie Cocteau. Auch Guardini geht nicht vom Dargestellten aus:

> Hier geht es aber um etwas anderes: um jenen religiösen Charakter, der in der Struktur des Kunstwerks als solcher liegt; in seinem Hinweis auf die Zukunft; auf jene schlechthinnige »Zukunft«, die nicht mehr von der Welt her begründet werden kann. Jedes echte Kunstwerk ist seinem Wesen nach »eschatologisch« und bezieht die Welt über sie hinaus auf ein Kommendes. (Guardini 39)

Guardini begründet die anthropologische Leistung der Kunst aus einer Erfahrung des Jenseits. Allerdings ist die ästhetische Erfahrung für ihn immer schon religiös. Für Guardini ist die Kunst eine andere Offenbarung. Das »echte Verhältnis« zum Kunstwerk, in das sich der Rezipient versetzt, nennt er »Verheissung« und meint damit die gleichsam automatische Hinführung zum Religiösen. Anderes kann er sich nicht denken. Man muss dieser Einschätzung nicht folgen, allein, die These zeigt, dass der Darstellungsmodus in einem Kunstwerk nicht ablösbar ist vom metaphysischen Hintergrund. Ihn wird die Avantgarde nicht los (Ullrich 46–65).

Das große Vorbild für Brinkmann ist natürlich Guillaume Apollinaire, auf den sich auch Cocteau beziehen konnte. Brinkmann feiert ihn mehrfach. Apollinaires Essay *Der neue Geist und die Dichter* (1917) leitet die Anthologie der zeitgenössischen französischen Dichter von Flora Klee-Palyi (1953) ein, die Brinkmann nachweislich als sein Grundbuch der Moderne benutzte. Der Text wurde mehrfach veröffentlicht, in der maßgebenden Zeitschrift *Akzente* von 1964 und noch einmal ein Jahr später in der für Brinkmann gleichfalls leitenden Sammlung *Theorie der modernen Lyrik* von Walter Höllerer. Alleine die ständige Präsenz des Essays belegt seine grundlegende Bedeutung. Apollinaire verherrlicht das Neue, indem er die Dichtung zu einer Kraft erhebt, die mit der Schöpfung »ein und dasselbe« sei. Die folgenden schmeichelhaften Sätze konnte Brinkmann unterschreiben oder als Aufforderung lesen:

> Endlich werden die Dichter berufen sein, durch die lyrischen Teleologien und durch die erzlyrischen Alchemien der göttlichen Idee einen immer reineren Sinn zu geben. Sie ist in uns so lebendig und so wahr, sie ist diese dauernde Erneuerung unseres Selbst, diese ewige Schöpfung, diese unaufhörlich wiedergeborene Poesie, von der wir leben. Die modernen Dichter sind also Schöpfer, Erfinder und Propheten. (Klee-Palyi 15)

Der Gedanke der Selbsterneuerung (»perpétuel renouvellement de nous-mêmes«) als einer permanenten Aufgabe, die Selbstverpflichtung der Poeten zur ständigen Steigerung und Neuschöpfung ihres Lebens (Wiedergeburt), war mindestens so attraktiv wie die (keinesfalls originelle) Selbsternennung der Poeten zu kleinen Göttern. Das leitete Apollinaire vor allem aus seinen formalen Innovationen, seinem strikten Willen zur künstlerischen Überraschung ab. An diesen »neuen Geist« konnte man auch nach dem Zweiten Weltkrieg wieder anknüpfen. Die Aufforderung zur Erweiterung war nicht nur zeitgemäß, sondern findet sich bei Brinkmann ausdrücklich noch in anderen Zusammenhängen. Zuletzt in der Übersetzung der Gedichte von Ted Berrigan im *Sonnet 37*. Deshalb treibt Apollinaire die jungen Poeten gerade nach dem Krieg wieder um, es gab für sie keinen Rückgriff auf die frühe Moderne ohne ihn. Die nachholende Moderne schließt direkt daran an und führt Ideen aus dem frühen Jahrhundert weiter.

Außerdem formen diese Ideen sein lebenslang bewahrtes Selbstbild als »Dichter«, er »wollte immer nur Dichter sein [...] mit dem eigenen Pathos der fünfziger Jahre, Gottfried Benn, Ernst Meister« (Lm 52f.), das ironische Spiel mit dem älteren Wort für den Literaten eingeschlossen (BrH 169). Nicht als Schriftsteller oder Autor, nur als »Dichter« durfte er sich dem hohen, selbst gesteckten Ziel nähern. An der mitgegebenen Aufgabe, wie Cocteau und Picasso das »weltliche Geheimnis« zu ergründen, richtet Brinkmann den eigenen Weg aus, seine poetischen Hierophanien setzen die Proklamationen aus dem Essay von Apollinaire um. Er stärkt seine Schreibweise und sein Weltbild daran. Jean Cocteau hat dem Geist Apollinaires im Gedicht *Von ihm selbst 1927* gehuldigt:

> Zufälle des Mysteriums und Fehler
> Des göttlichen Kalküls, ich geb es zu,
> Sie brachten mir Gewinn. Und meine Dichtung
> Ist da: Ich zieh das Unsichtbare ab
> (Unsichtbar euch). (Cocteau 1959, 93)

Das Verhältnis von Dichtung und Religion scheint seit der Moderne sogar wieder enger geworden zu sein, und zwar im selben Maße, in dem die Kunst die von den Religionen und Konfessionen nicht mehr erreichten säkularen Lebenswelten besetzte. Hugo Friedrich spricht von »Leerer, inhaltsloser Idealität«, gar von »leerer Transzendenz« (Friedrich 48, 61), leitet seine Analyse aber sehr genau aus dem »ruinösen Christentum« des 19. Jahrhunderts her. Die Lücke, die mit der Verabschiedung der konfessionellen Religion entstanden war, konnte die Kunst aus eigener Kraft nicht ganz füllen. Deshalb tauchten Ersatzgründe auf, die nur umso schmerzlicher auf den Verlust hinzeigten. Wo ein liturgisches »Geheimnis des Glaubens« keine Gemeinschaft mehr stiftet, müssen andere Bekenntnisse gefunden und gesprochen werden. Aus dem ›mysterium fidei‹ machte man ein ›mysterium mundi‹, das Hochgebet der Welt. Es sind Worte, die sich meistens bekannter Formeln bedienen. Jedenfalls haben viele moderne Künstler an die Herkunft solcher Gedanken erinnert, wenn sie den Sinn der Kunst oder ihr Faszinosum erklären wollten. Und sie waren weit entfernt von »leerer Transzendenz«. Vielmehr ging es doch um Erneuerung.

Avantgardistische Kunst steht offensichtlich immer unter einem Offenbarungszwang. Keine bisher bekannte Avantgarde konnte sich davon lösen. Sie muss sich beweisen, erklären, steigern und besser sein in ihren Mitteln wie Absichten. Und in einem zweiten, weitergehenden Sinn bleibt das Verhältnis zur Offenbarung angespannt. Dass Kunst offenbarenden Charakter besitze, wusste man seit den Zeiten der Kunstreligion. Damals wurde die alte Auffassung vom Künstler als »alter deus« abgelöst durch ein symbolisches Kunstverständnis. Die Avantgardisten begnügen sich aber nicht damit. Der Künstler muss sich selber übersteigen, soll selber ein Gott sein. Und dann musste die neue Kunst noch mit jedem Versuch einzigartige Hierophanien ermöglichen, wie in einem Wettstreit der Götter untereinander. Daher der Drang Brinkmanns, im Unscheinbaren, völlig Unangemessenen das Geheimnis aufzuspüren. Und wo gab es im zwanzigsten Jahrhundert mehr weltliche Geheimnisse mit überirdischem Glanz als auf der Kinoleinwand?

Das ewige Lächeln der Ikone

Kein anderes Gedicht spiegelt den inneren Zusammenhang von Sakralem und medialer Inszenierung besser als das folgende Pilotengedicht. Vom äußeren Objekt heftig berührt, lösen die Gedanken beim lyrischen Ich einen inneren Flug aus. Aber mit der kognitiven und affektiven Reaktion auf ein berühmtes Bild dringen grundlegende Fragen an die Oberfläche. Schon sein Titel nennt die Vermittlung programmatisch und weckt die Neugier auf den erwähnten Fall:

> Eine übergroße Photographie von Liz Taylor
>
> Ich trinke meinen Kaffee wie jeder Kaffee trinkt
> aber die Bilder sind anders.
> Der eine denkt an irgendetwas
>   und ich denke
> an irgendetwas, Liz Taylor lächelt immerzu.
> Wenn es etwas gibt, das sich noch lohnt, dann
>
> ist es das.
> Die Krümmung einer Haarlocke und
> die natürliche Kräuselung des
>
> Schamhaars
> wie Schamhaar sich in meinen
> Träumen kräuselt, es ist schon

spät.
Und noch immer lächelt Liz Taylor
mich an. Was ist das? Nehmen wir an, es

ist nichts
was sich lohnt, dann bleibt dieses von allem übrig
nachdem ich meinen Kaffee ausgetrunken habe.
(St 217)

Ein Prosagedicht in Versform. Darin übt ein Bild mit starker Ausstrahlung eine unwiderstehliche Anziehungskraft aus, deren Sogwirkung der einsame Betrachter zu später Stunde nachsinnt. Solange er eine Tasse Kaffee trinkt, bleibt Zeit für abschweifende Gedanken zu diesem merkwürdigen Phänomen. Aber es ist weit mehr als ein Tagtraum, an dem das Ich uns teilnehmen lässt. Nicht alle Gedanken kommen zum Vortrag. Immerhin gewährt der Betrachter intime Einblicke in seinen Gedankenfluss und seine sexuellen Phantasien. Selbstverständlich ist das nicht. Die erstaunliche Freizügigkeit muss mit dem vor Augen stehenden Bild zu tun haben.

Zur Entstehungszeit des Textes, 1967/1968, ist die Brinkmann vertraute aktuelle Medienreflexion bereits weit gediehen. Sie fließt in das Gedicht mit ein. Darüber konnte sich Brinkmann selber in den *Mythen des Alltags* von Roland Barthes informieren. Er kannte das Buch. In einer Reihe von Glossen durchsucht Barthes im ersten, literarischen Teil des Buches die Selbstverständlichkeiten der gelebten Realität in den fünfziger Jahren nach uneingestandenen metaphysischen Beständen. Den Philosophen hat in seiner essayistischen und wissenschaftlichen Erkundung moderner Zeichensysteme vor allem diese Sprache über den alten Mythen interessiert. Film, Fotografie und Reklame sind damals alltägliche Träger mythischer Aussagen. Im Essay über eine Schauspielerin demonstriert er sein Verfahren unter dem Titel »Das Gesicht der Garbo«.

Das Antlitz des Hollywoodstars Greta Garbo, sie war eine Generation älter als Liz Taylor, wirke im Film wie der »Archetypus des menschlichen Gesichts« und offenbare so etwas wie »eine platonische Idee der Kreatur«. Ihr Beiname »Die Göttliche« steht Barthes bei der Beschreibung Pate. Und dann findet er Worte, die wie eine Vorlage für Brinkmanns Gedicht klingen; das könnten jene Gedanken sein, die das im Gedicht sprechende Ich nicht erwähnt:

> Das Gesicht der Garbo steht ein für jenen flüchtigen Augenblick, in dem der Film eine existentielle Schönheit aus einer essentiellen Schönheit gewinnt, in dem der Archetypus das Faszinierende vergänglicher Gesichter durchscheinen läßt; in dem die Klarheit des Fleisches einer Lyrik der Frau Platz macht. (Barthes 74)

Und in diesem entscheidenden Augenblick versöhne das Gesicht der Garbo »zwei ikonographische Zeitalter« miteinander, es »sichert den Übergang vom Schrecken zum Charme«. Der Essay behandelt die filmische Einstellung, sieht das Eindringliche im bewegten »vergöttlichten Gesicht« und schließt bündig: »Das Gesicht der Garbo ist Idee« (Barthes 75). Wichtig ist aber: Barthes spricht über eine Leinwand-Ikone wie über eine Christusdarstellung in der Tradition der Acheiropoeten (nicht von Menschenhand gemachte Malerei). Alle Kriterien der Darstellbarkeit des Undarstellbaren kommen bei ihm vor. Damit hat Barthes die Leitbegriffe für das Gedicht von Brinkmann formuliert. Archetyp, Ikone und das echte Bild sind die weiterführenden Kategorien. Ausstrahlung und Anziehungskraft sind Wirkkräfte der Bilder, die durch ihre Trägermedien hindurchgehen.

Wie eng Bildbegriffe und Glaubensfragen verbunden sind, hat Hans Belting bewiesen. Er geht von der Verkörperung von Bildern aus. Die jeweils unterschiedlichen Trägermedien geben Bildern eine Oberfläche mit aktueller Bedeutung und Wahrnehmungsform. Kein Bild existiert ohne Medium, aber das Bild ist mehr. Das Bild ist sinnstiftend, es hat immer eine mentale Eigenschaft. Und es hat seinen Ursprung jenseits des Mediums, das in der Mitte steht, beides vermittelt. Die »Photographie von Liz Taylor« produziert überwältigende Schönheit und verkörpert die archetypische Schönheit in einer zeitgemäßen Form. Sie gibt der Schönheit als dem symbolischen Sinn des Bildes einen massentauglichen Schauplatz. Aber kein Zweifel: Dem Gedicht geht es um den Archetyp und um das, was er immer noch auszulösen im Stande ist. Man muss nicht einmal vom kollektiven Unbewussten ausgehen, es würde in unserem Falle genügen, an das Vorbildliche, Beispielhafte, Musterhafte zu denken, also eine paradigmatische Schönheit. Hier kommt zu der spirituellen Erhöhung die Vergrößerung in Film und Fotografie hinzu. Der Kult der Reinheit um eine Leinwand-Ikone, das magisch-religiöse Prestige der Frau, wie es von Hollywood vermarktet wurde.

Aber nicht die Filmdiva steht im Vordergrund, sondern die moderne Ikone, geschaffen von Andy Warhol, einem Hauptvertreter der Pop-Art. Sie ist gemeint, sein berühmtes Bild sieht der Lyriker. Mit seinen Siebdrucken reiht der amerikanische Künstler endlose Folgen von Bildern aneinander, in denen dieser Archetyp sichtbar wird: Die Madonna. Warhols *Liz*-Serien (1962–1964), nach einem Zeitungsfoto gestaltete Porträts, inszenieren eine lange Bildtradition erneut (Röhnert/Geduldig I 241). Kirchenikonen liebte Warhol bekanntlich seit seiner Jugend, er lässt sich davon inspirieren. Der Siebdruck aus wenigen Konturen und Übermalungen mit leuchtenden Farben hebt die

Makellosigkeit, die geradezu überzeitliche Schönheit der Madonna hervor. Warhols Techniken der Stilisierung und die massenindustrielle Kopie der Kunstwerke zerstören diese Wirkung nicht, sondern vervielfältigen sie. Stilisierung ist auch schon eine Tradition der Ikonenmalerei, es gibt sie nicht ohne Stilisierung. Plakative Farbgebung, Reduktion auf wenige Konturen und überdimensionierte Darstellung von Details beweisen, dass Warhol mehr mit der Ikonenmalerei verbindet, als ihn von ihr trennt. Warhols Madonna *Liz* lebt ganz aus der Ambivalenz: Sie ist real, abstrakt und verklärt. Sie inszeniert eine mehrfache Präsenz. Sie ist Mimesis der realen, nach dem Foto wiedererkennbaren Schauspielerin, sie ist Nachbildung in der Madonnentradition und folgt doch dem Urbild der gemalten Marienfiguren. Warhol bestätigt das Paradoxon der Ikonenmalerei. Er zeigt die ewige Schönheit und zugleich die lebendige, vergängliche Person.

Ein Bildgedicht also. Aber wo bleibt die Medienkritik? Kann Brinkmann sie einfach ignorieren? Denn sein Bildgedicht bezieht sich auf das Werbeplakat eines Auktionshauses, auf dem Warhols *Liz* fototechnisch wiedergegeben ist (Abb.). Möglich gewesen wäre eine konsumkritische Reflexion über derartige Vervielfältigungen und deren Bedingungen. Selbst die erwartete kulturkritische, die ideologische Distanzierung bleibt aus. Man hat ja danach gefahndet, musste aber feststellen, dass beides fehlt (Röhnert/Geduldig I 237–243). Einmal erwähnt Brinkmann in seinem Essay *Angriff aufs Monopol* (1968) das Auktionsplakat der Galerie Morris in Toronto, auf dem mit dem Siebdruck für die Warhol-Auktion März/April 1965 geworben wurde. Das Plakat

hing in Brinkmanns Arbeitszimmer an der dem Schreibtisch gegenüber liegenden Wand, so dass er vom Schreiben aufblickend Liz Taylor auf rotem Hintergrund sah. Ein Foto seines Zimmers mit dieser Wand hat Ulrike Pfeiffer veröffentlicht (Pfeiffer 85). Wir betreten hier den autobiographischen Raum des Textes, in dem wir das lyrische Ich unzweifelhaft identifizieren können. Brinkmann gestaltet hier eine ganz grundlegende Schreibszene, indem er einen Blick in die unmittelbare Umgebung während seiner Arbeit gestattet und uns für die kurze Zeit eines Gedichts mit seinen Augen sehen lässt. Offensichtlich hat sich der Autor eine Insel der Schönheit geschaffen mit einem fixen Bezugspunkt inmitten bedrängender Umgebung, ungestört von der Tatsache, dass sich die ästhetische Erfahrung an einem schnöden Werbeplakat entzündet.

Und das »Schamhaar« in den »Träumen«? Auffällig inszeniert der Text die vom Bild erregten sexuellen Wunschphantasien. Träume von »Unberührtheit, Entrücktheit und Vergötterung« (Röhnert/Geduldig I 242) begründen den Skandal des Gedichts. Aber auch bei diesem Thema ist daran zu erinnern, dass historische religiöse Darstellungen erotische Phantasien bedient haben. Gesten der Verzückung werden auf Bildern oft mit dargestellt. Und erotische oder sexuelle Tagträume beim Betrachter sind der religiösen Malerei nie unbekannt gewesen. Skandalös wirkte das immer. Brinkmann gibt ihnen lediglich einen zeitgemäßen Ausdruck. Zugleich wirkt der abgebrochene Sexualtraum, »es ist schon // spät«, wie ein Zeichen für die scheiternde Übertragbarkeit vom Bildertraum zurück in die Normalität. Die Ikone jedoch bleibt davon gänzlich unberührt. Plötzlich scheint sich das Ich an seine eigenen Worte aus dem Essay *Der Film in Worten* zu erinnern, wo es mit den Worten Warhols spricht:

> Es ist nur Glätte ... die Oberfläche eines Bildes, wie die Glätte einer Haut, über die Fingerspitzen zärtlich hinweg tasten [...] und Elizabeth Taylor ist Elisabeth Taylor, so wie sie Andy Warhol in seinen Bildern anbietet. (FW 232f.)

Eine erotische Handlung, man kann das als sexuelle Ersatzbefriedigung verstehen wie auch als Hinweis auf intime religiöse Verzückung am künstlerischen Surrogat. Das verräterische Personalpronomen zeigt es an: »Und noch immer lächelt Liz Taylor / mich an.« Dieser Umgang mit Kunst verweist auf die Erweckung zur Schönheit. Aber bewegt sich Brinkmann mit solchen Gedanken nicht immer im Umkreis magischer Handlungen, auch wenn er sie nie direkt anspricht? Bilder steuern unsere Körpererfahrung, vielfältige Wege der Animation sind aus magischen Praktiken des Bildgebrauchs bekannt. Selbst wenn das Ich nur gedanklich mit Händen über jenes Foto streicht, verbergen seine Äußerungen nicht, dass es dem Bild gerne seine Imagination übertragen würde. Zu später Stunde gaukelt es sich vor, die Barriere zwischen Realität und Fiktion beseitigen zu können. Natürlich scheitert das Ich am Versuch, hinter die medial proliferierten Bilder zurück zu kommen, die alles andere als »natürlich« sind. Auch medial gesehen gibt es kein Zurück hinter die vervielfältigten Ikonen. Der Schock über die »Kräuselung« beim »Schamhaar« verblasst am schnellsten, der Mythos von der unvergleichlichen Schönheit der modernen Madonna hält die Träume dennoch gefangen.

Ausstrahlung und Anziehung, so lautete der erste Eindruck beim Lesen. Er bestätigt sich am Ende. Die alte Madonnen-Phantasie ist im Gedicht gerade bekräftigt. Ihr ewiges Lächeln vor leuchtend rotem Hintergrund überstrahlt das kleine Leben des Kaffeetrinkers, das in der kurzen Zeit während des Austrinkens vor seinem inneren Auge vorbeizieht, und wir lesen ein Gedicht über Vergänglichkeit. Im ersten Vers »Ich trinke meinen Kaffee wie jeder Kaffee trinkt« ist diese moderne Lage prägnant zusammengefasst – mehr muss man nicht sagen. Das ewige Lächeln der Ikone zieht durch die Träume des Kaffee trinkenden Ichs wie eine moderne Transfiguration der Marienfigur, die ihm obendrein physisch vor Augen steht. Aber auch in dieser Transfiguration der damals überall gegenwärtigen Liz Taylor bleibt ihre über menschliches Maß hinausreichende Größe bestehen. Der Kontrast im Titel beseitigt diesen Mythos der reinen Frau nicht, sondern bestätigt ihn gerade auf neue Weise, auch wenn »die Bilder« heute »anders« sind, wie der zweite Vers sagt. Auf dieser Ebene bleibt unter Berücksichtigung aller medialen Bedingungen die Wirkungsmacht des Archetyps erhalten. Noch die billigste Reproduktion trägt sie weiter.

Nicht zu vergessen: »Übergroß« sind nicht nur die Darstellungen auf Leinwand, »Photographie« oder Plakat, wir reden eben nicht nur über Formatangaben, sondern Übergröße hat die von keiner Form fassbare Majestät. Das Gefühl für Größe zu vermitteln war nicht nur die wichtigste Wirkungsabsicht in der christlichen Ikonographie. In der übertriebenen Zuschreibung ist sie das wichtigste Attribut der negativen Theologie. Komposita mit »hyper« stammen auch aus dieser Tradition. Das subtil gesetzte Attribut im Titel changiert zwischen der profanen Maßangabe des mit der Plakatschrift gerahmten Fotos und dem Wechsel in die Kategorie des Inkommensurablen. Das Gedicht stellt denkbar einfache Handlungen dar. Ich trinke Kaffee, ich sehe Bilder, ich denke – und dann überrascht das Ich sich selber bei der einzigen Frage: »Was ist das?« Das ist keine Kritik, sondern in Wahrheit die Affirmation des Bildes, die Bewunderung der magischen Ikone, die auch nach dem Untergang des Ichs übrig bleibt. Dass das noch möglich ist, darüber wundert sich das Ich des Gedichts angesichts seiner gegenwärtigen Lage. Ihm kommt auch gar nicht in den Sinn, dagegen etwas zu tun, es kann und will nichts unternehmen gegen die Strahlkraft der Ikone im Jetzt. Dargestellte und begriffene Verwandlung: Das ewige Lächeln der Liz Taylor »bleibt übrig«, im Sinne des Archetyps, selbst dann, wenn sich überhaupt nichts mehr »lohnt«. Das ewige Lächeln der Ikone begleitet den modernen Autor wie ein faszinierender Schatten der Madonnentradition. Er verhält sich Warhols Ikone gegenüber wie der stille Betrachter eines religiösen Andachtsbildes. Das erschreckt ihn und zieht doch an. Das ist die Grundfigur von Brinkmanns Denken in der letzten Phase seines Werks, die Ambivalenz von Anziehung und Abstoßung durch die Dinge.

Welt als Traum und als Fiktion

Geheimnis und Abkehr von allem Bedrängenden gehören in Brinkmanns Denken zusammen. Sie sind die zwei Seiten seiner Denkform. Wo er ein Geheimnis im Weltlichen lyrisch entdecken kann, hält sein Welterleben die künstlerische Offenbarung gleich wieder in Schach. Seine Arbeit wähnt er umzingelt von Hindernissen, die durchstoßen werden müssen. Das Profane ist durchsetzt von Wertlosem, dem leidenschaftlicher Widerspruch sicher ist. Die vielen sprachlichen Wendungen, die er dafür findet, zehren freilich von der Tradition, sind von langer Hand vorbereitet und brauchen lediglich einen neuen Ausdruck. Drei in Varianten wiederkehrende Figuren kann man festhalten: Die Welt als Schlacke, der Ekel vor der Welt und die Welt als Fiktion.

Zum ersten Mal begegnet Brinkmann der Gedanke von der Welt als einem unpassenden Ort für das Leben auf eine ihn lange beeindruckende Weise in der Literatur im Jahr 1956, und zwar in der von Eva Hesse veranstalteten zweisprachigen Auswahl zu Ezra Pounds *Dichtung und Prosa. Mit einem Geleitwort von T. S. Eliot* (1956). Er erwähnt die Lektüre noch 1974 (BrH 199). Darin lässt die Übersetzerin einen langen Gesang gerade mit der Stelle beginnen, die der junge Brinkmann in den Schülertexten *Gedichte 57/58* als Widmung für Elisabeth Piefke voransetzt: »What thou lovest well remains, the rest is dross. Ezra Pound in: Pisan Canto LXXXI.« Auch ohne Kenntnis des vollständigen Textes wird es für einen die Freundin beeindruckenden Auftritt gereicht haben. Noch einmal wird er das Zitat im Band *Westwärts 1&2* verwenden und *Notizen zu einer Landschaft bei Vechta i. O.* damit enden lassen: »Was du innig liebst, ist beständig – der Rest ist Schlacke« (Ww 151). Der Vers aus dem Ullstein Taschenbuch Nr. 129 begleitet ihn lange, wie man an seiner Wanderung von 1957 bis 1975 und an der erinnernden Verklammerung der Namen durch die gleichen Initialen E. P. in den Gedichten nachweisen kann.

Und zum zweiten Mal begegnet er dem Gedanken bei Frank O'Hara. In dessen *Meditationen in einer Notlage* findet und übersetzt er die Formel, man müsse »den Dreck des Lebens abhalten« (O'Hara 59). Er identifiziert sich mit der Ambivalenz der Verstrickung in den endlosen Kampf gegen die Zumutungen des Lebens, der ihm als ebensolcher heldenhafter Krieg erscheint. Der Hypochonder lebt mit seinen Todesungeheuern intensiv zusammen. Brinkmann schreibt sich hier in eine lange Tradition ein. Es geht nicht anders: Sein Gang durch die Welt führt immer mitten durch »Abfallhaufen«. Ein sehr kurzer »Auszug aus meiner fiktiven Autobiografie« führt daher im »hackeligen Gang in mein Zimmer zurück«, weil »Hundescheiße«, der »Gestank von Leuten« und insgesamt das kulturelle Leben unter diesem Bild zusammenfinden (Erk 82). Der Autor wird nicht müde, diesen beklagenswerten Zustand der Verschmutzung des gesamten Daseins in langen Listen auszukosten.

Zu denken wäre dabei an den religiösen Ursprung des Sauberkeitsbedürfnisses im Reinigungskultus. Es hat seine bekannteste Ausprägung bei den Reformierten, im Calvinismus und Puritanismus gefunden. Max Weber hat die Folgen in seinen Arbeiten zur protestantischen Ethik dargestellt. Die Reformation verwies die Gläubigen auf die innerweltliche Askese. Zur inneren Sauberkeit gehörte die äußere: keine schmutzigen Gedanken, keine sinnlichen Phantasien, keine schmutzige Kleidung. Alles soll durchsichtig sein, der gegenseitigen Kontrolle zugänglich. Sauberkeit und Gottesnähe gehören zusammen. Das ist eine der Wurzeln für die Lebensfeindlichkeit, für den ins Hypochondrische gesteigerten Weltekel, der Brinkmann von Peter O. Chotjewitz und Dieter Wellershoff bescheinigt wurde (Geduldig 71, 128). In Rom notiert er lange Passagen über »das menschliche Labyrinth-Empfinden« (RB 272) und dass nur »ein Sich-in-die-Luft-erheben, ein Sehen von oben« dagegen helfe. Große Genugtuung empfindet er beim Lesen von Burroughs' Satz: »Ich wandere über die Müllkippe direkt in den Himmel!« (Erk 197)

Brinkmanns Vorstellungen von der Reinheit des Lebens stammen aus dem Christentum, seiner Sozialisation, auch er ist »vom Paradiestraum zerfressen« (Erk 135). Er ist äußerst feinfühlig für innere Widersprüche und Dissonanzen, Vermischungen und Verwirrungen sind ihm unerträglich: »Die fürchterlichste Erfahrung, die ich machen mußte, war: daß alles und jedes, was ich sehe, so ist, wie es ist.« (Erk 189) In endlos scheinender Relativität gefangen, bleibt als Ausweg nur die grenzenlose Verachtung. Sie ähnelt durchaus dem ›contemptus mundi‹, der christlichen Geringschätzung des Diesseits. Gegen die amorphe Ausdehnung orientierungsloser Vorgänge und subjektiv beliebiger Handlungen des Lebens im Jammertal wirkt alle Gegenwehr beinahe vergebens. Daraus resultiert der dritte Gedanke: Die Welt als Fiktion.

Ganz »Vechta! Eine Fiktion!« (Erk 246), so das ambivalente Resümee zu den Kindheitserinnerungen. Gerade die vorgeblich neue Kritik an aktuellen Tendenzen reiht sich oft in die lange Ideengeschichte von der Nichtigkeit der Realität ein, die Brinkmann vielleicht unbewusst fortschreibt und vermeintlich unerwartet in der Science Fiction bestätigt findet. In der Lektüre der Romane von James Graham Ballard (Mammut) und anderer Trivialmythen sieht er, wie althergebrachte Ansichten vom Barock bis Hofmannsthal parawissenschaftlich fortleben. Caldérons *Das Leben ein Traum*, das Lehrstück über den Menschen in heilsgeschichtlicher Perspektive, könnte über manchem Eintrag ins Tagebuch stehen. Dort klebt er Zeitungsartikel mit Überschriften ein, die irreal wirken. Sie faszinieren ihn wie der Unfallbericht »Im Traum in den Tod gefahren« (Erk 88f.), und wieder liefert William Seward Burroughs dazu das willkommene Stichwort: »Space is dream« (Erk 20, 35, 57f., Sch 30). Aber aus der christlichen Warnung vor dem bewusstlos geführten Leben schlägt Brinkmann auch den Funken für die Poesie, den »wort- und sprachlosen Traum« (Erk 97). Wenn alles zu viel wird, gibt er die Auskunft: »ich ziehe mich in den Traum zurück! Tarne mich mit dem Traum!« (Erk 225) Nach dem Abflug blickt der Pilot von weit oben aus seiner Kanzel auf das verachtete Treiben herab. Alle drei unbeirrt der Welt entgegengeschleuderten Diagnosen, so verschieden sie in ihrer Qualität auch sein mögen, bezeugen den nahtlosen Anschluss an christliche Denkfiguren.

Eine so deplorable Sicht braucht Gegenentwürfe. In der Lyrik schafft Brinkmann Raum für Weltüberwindung, die mit verborgenen Kräften geschieht, Platz für Gegenbilder zu sinnlosen Betätigungen, ein Umfeld für Meditationen über den Entzug von Vereinnahmungen und nicht zuletzt Figuren eines wiedererlangten Halts gegen die Bedrohung. Wie Apollinaire in seinen *Alcools* von 1913 war Brinkmann »müde dieser alten Welt« und beschrieb seinen eigenen Zeitengang. Auch er suchte die Auflösung des alltäglichen, realen Weltstoffs in einer ungewohnten Sprache, so wie sein französisches Vorbild lyrisch die Himmelfahrt mit dem Flugzeug in Verbindung brachte und Christus den »Welthöhenrekord« zubilligte: »Und in einen Vogel verwandelt steigt dieses Jahrhundert wie Jesus in die Luft.« (Apollinaire 19–23)

Für die Erhebung über alle Sorgen dieser Welt gibt es gewiss kein besseres und älteres Bild als den Vogelflug. Schon alleine daher sind Vögel als künstlerisches Symbol in Brinkmanns Welt bedeutsam, in seinem Werk notorisch, lassen sie sich doch auch poetologisch nutzen, sind sie doch immer bezogen auf den Schreibakt selber. Die Herkunft des Motivs ist nicht spekulativ, wir finden es in allen Religionen. Vom eschatologischen Gleichnis »Die Vögel des Himmels« (Matthäus 6,26) bis zu dem mit der Taube verglichenen Geist Gottes (Matthäus 3,16) bietet die Bibel oft erneuerte Chiffren für Befreiung und Erhebung an. Der Vogelflug ist das Sinnbild für den Zugang zu einem übermenschlichen Sein, das Sich-Aneignen des Geistes, er ist ein kosmologisches Symbol für die Himmelfahrt (Eliade 1961, 144).

Schon in der Vechtaer Zeit erhält der Vogelflug existentiellen und materiell-künstlerischen Rang. Das frühe Gedicht *Wovon ich lebe und woran ich sterbe* (in: *Don Quichotte auf dem Lande* 1959–1961) beginnt mit dem Katalog:

Der Flieder in Chagalls Bildern
Die Vögel aus den Gedichten Jacques Préverts
Die Sterne unter Cocteaus Namen
Die Handschrift Paul Klees (V 28)

Das setzt sich in der Essener und Kölner Zeit fort in *Die Vögel und die Dichtung* (in: *Vorstellung meiner Hände* V 67), wobei Brinkmann zahllose Stellen aus der französischen Moderne aufgreift (Klee-Palyi), und die schon erwähnte Anthologie von 1953 ziert eine Titelvignette von Max Ernst, das 1927 entstandene Ölgemälde *Monument aux oiseaux*. Immer öfter geht Brinkmanns Blick hinüber zu den zeitgenössischen Malern und Lyrikern Frankreichs (Fauser 2020, 156f.). Im unmittelbaren Umfeld der mittleren sechziger Jahre hatte Saint-John Perse eine luxuriös ausgestattete, zweisprachige Publikation *Oiseaux Vögel* 1964 bei Luchterhand herausgebracht, die eine poetische Studie zur Malerei von Georges Braque enthielt. Perse erklärte die Technik Braques am Beispiel zweier Gemälde mit dem Hinweis auf das Ablösen vom Stofflichen, das der Maler so weit getrieben habe, bis aus dem tastbaren Raum nur noch der »Inselfleck des Vogels auf der menschlichen Netzhaut wird« (Perse 17). Abstraktion, Auflösen des Sujets in die bloße Andeutung und Reduktion auf den Umriss in der Fläche, so kann man die Malerei Braques bei dem von ihm seit 1955 ausschließlich bevorzugten Gegenstand charakterisieren. Die Flächigkeit der Vögel soll »im Stillstand gerade die Bewegung des Fluges verewigen« (Perse 29). Sie stehen stellvertretend für den »Raum, den ein einziger Gedanke durchmißt« (Perse 61).

Mit seiner kongenialen Darstellung erfasst Perse den Kern der Arbeit seines Kollegen, denn für Braque existiert die Kunst nur im Geheimnis. Wie später Brinkmann sagt er sich los von den »Vorstellungen«, die das Erscheinen des

Poetischen im Werk verhindern: »Vorstellungen, das ist die Hölle« (Braque 58). Nur was man nicht erklären kann, ist das Bleibende und Gültige in der Kunst. Man solle die Dinge geheimnisvoller machen, anstatt sie zu erklären: »Wenn das Mysterium fehlt, fehlt auch die Poesie« (Braque 65). Nur im Falle des Gelingens, womit Braque die Selbstüberwindung des Talents meint, wird das Leben »eine fortwährende Offenbarung. Das ist wahre Poesie.« (Braque 67). Gefragt, ob er denn an Gott glaube, bejahte Braque, gab jedoch zu bedenken, dass er nicht an einen personalen Gott glaube, sondern ihn für »etwas Geheimnisvolles« halte (Braque 58). Näher können moderne Kunsttheorie und Religion einander wohl nicht kommen. Ein großer Essay über »Die Macht des Geheimnisses« in seinem ins Deutsche übertragenen kleinen Buch enthält zahllose Thesen zur Kunsttheorie, die wir so sinngemäß, manchmal fast wörtlich auch bei Brinkmann finden. Braque sucht die religiöse Aura gewisser Inhalte des Unbewussten darzustellen und legt diese Gedanken gesammelt unter dem Titel *Vom Geheimnis in der Kunst* vor. Seine Kunsttheorie, sie stammt in diesem Abschnitt von 1935, begreift darunter selbstverständlich alle Künste:

> Ein Gedicht schreiben, ein Bild malen, einen Stein behauen, sind von der Vernunft losgelöste Handlungen. Stützt man sie auf die praktische Wissenschaft, setzt man sie auf die gleiche Stufe wie diese Wissenschaft, und sie lassen wie diese einen leeren Raum offen, den Raum der Seele. Die Kunst muß ihn im Augenblick der Schöpfung teilnehmen lassen. (Braque 37f.)

Brinkmann greift Mitte der sechziger Jahre das poetologische Thema wieder auf, arbeitet intensiv am Motiv weiter und findet einen neuen, um die Kenntnis der französischen Kunst bereicherten Weg in den folgenden beiden Gedichten:

Vogel am leeren Winterhimmel

Er durchquert
was?
Da ist ein leerer Raum
oder genaugenommen
etwas Grundloses
ein Klischee.
Langsam
langsam
treibt er weg
ohne voranzukommen.
(St 78)

Vogel

Er durchquert
was?
Da ist ein leerer Raum
oder genaugenommen
etwas Grundloses
ein Klischee
langsam
langsam
treibt er weg
und kommt voran.
(St 136)

Die Vogelsymbolik der frühen Gedichte bis etwa 1960 entschlackt und abstrahiert er gründlich. Auf der höheren Stufe ist der Unterschied zwischen einer realen Beobachtung und einer intertextuellen Verwendung nicht mehr entscheidend. Die intensive Umarbeitung der eigenen Prätexte führt zu einer Vergeistigung der Szenerie, jedoch ohne dass das Symbol seine Bezeichnungskraft völlig eingebüßt hätte. Der alte, der traditionelle Aspekt des Seelenbildes lebt weiter und wird absolut gesetzt im Geheimnis. Aber die ältere und bereits verabschiedete Aufstiegssymbolik enthüllt jetzt erst in der abstrakteren und vom Geheimnis umwitterten Version ihren tiefsten Sinn. In Verknüpfung mit dem technischen Begriff »Klischee« (Druckstock des bildenden Künstlers) kann man sie nicht nur als Sprachkritik deuten, sondern als reine (poietisch-erzeugende) Tätigkeit des Geistes. Was sich auf dem Papier, in der Imagination oder oben am Himmel abspielt, ist die mystische Erfahrung einer Erneuerung. So wie sich bei Braque die Vögel »materialisierten«, einfach »auf der Leinwand geboren« wurden (Braque 72) und nichts Reales mehr mitführen – »Es sind ganz einfach Vögel unbekannter Gattung« (Braque 72) –, geht es auch Brinkmann um die Befreiung vom Symbol, soweit überhaupt möglich. Erst hier kommt dem poetischen Einfall die Idee der Transzendenz und der Freiheit zu. Sie findet in einer neuen Kristallisationsform ganz zu ihrem Ausdruck (Eliade 1961, 176).

Sicher bleibt das Austreiben »einer unermeßlichen Fülle von Assoziationen« (Prévert 106), das dann auch Jacques Prévert in seinem gleichnamigen Gedicht Picasso attestiert hatte, ein hehres Ziel und lässt sich nie ganz umsetzen. Man kann die gedanklichen Aktualisierungen nur umlenken, wie Prévert das in seinen Vogel-Gedichten und Chansons vorführt, oder wie Brinkmann in der zweiten Fassung den Himmel aus dem Titel streichen. Man kann die Realität des Vogels wie bei William Carlos Williams in *The Unknown / Das Unbekannte* (Williams 114) leugnen und ihn rein als Einbildung darstellen, aber man wird die Herkunft des Motivs und seine lange Reihe von Konnotationen nicht los. Braques Hinweis auf den »leeren Raum« als Seelenraum führt hin zu der Frage, durch welches Gelände dieser Vogel des Himmels fliegt. Der im Gedicht dargestellten wortlosen Welt entspricht der »leere Raum«, den das Gedicht umgibt. Aber kann es ein so beschaffener Raum sein, in dem der Vogel doch gewiss keine Bewegungsprobleme hätte? Was ist das »Grundlose« im Zentrum des Geschehens?

Brinkmanns Vorliebe für spruchartige Gedichte hat nicht nur Vorbilder in der amerikanischen Lyrik, sondern auch in der »wortlosen Dichtung« (Watts 225) der fernöstlichen Literatur, bei der das Leere und die weite Leere einen stark numinosen Eindruck hinterlassen. Man lässt Aussagen beiseite, erzeugt eine Negation, derart, dass sie alles Diesseitige wegschafft, damit das Andere, nicht Sagbare erscheinen, sich enthüllen kann (Otto 90). Wie durch eine Notenschrift wird das Geheimnisvolle bloß angedeutet, damit der Leser es umsetzen kann.

Wie im Zen-Buddhismus, damals eine Lieblingsbeschäftigung vieler, ist das Wissen vom Nichts, das Wissen von der Leere der Grund des Gedankens, aus dem der Vogel des Gedichts hervorfliegt. Und daraus gewinnen die beiden Gedichte ihren zentralen Kategorienwechsel. Der Flug ist materialisiertes Denken, er drückt das Erkennen aus, das Begreifen des nicht direkt Zugänglichen, der offenkundigen, aber dennoch verborgenen Wahrheit. So gelesen eröffnet der Schluss beider Gedichte einen Kategorienwechsel. Das Durchbrechen von Räumlichkeit, die Überwindung der Schwere, darauf verweisen doch die Anstrengungen des Vogels, machen diesen Wechsel im Kategorischen sinnfällig. Es geht nicht mehr um eine körperliche Ortsveränderung, sondern um eine räumliche, geistige Gleichzeitigkeit, die das Gedicht in seiner eigenartigen Bewegungskurve allererst eröffnet. Die Trias von Durchqueren, Wegtreiben, Vorankommen signalisiert einen (ungewollten?) Richtungswechsel in der Bewegung. Die Frage, ob der Vogel nicht einfach abdriftet, und aus welchem Grund, liegt nahe. Sie ist aber nicht wichtig. Der Wachtraum und die Imagination haben durchaus denselben Anteil an der Erfahrung des Tagesbewusstseins wie die Reflexion. In dieser Übergänglichkeit von Traum, Geheimnis und Realität suchen die Gedichte ihren ureigenen Ort.

Könnte es nicht das Gedicht eines besonderen Zustands sein, der uns hier in zwei möglichen Erlebnissen präsentiert wird? Eine »heilige Leere« (Tillich IX 87f.) ist ein Vakuum, ein Verlust der Tiefendimension, aus dem heraus Schöpfung wieder möglich ist. Das Unbedingte, Unbestimmte, das »Grundlose« der Gedichte scheint in dieser Leere zu liegen, die auf eine Auflösung des Vakuum abzielt und diese glückhafte Erfahrung inszeniert. Der »numinose Realismus« (Tillich IX 361) löst das Ich aus jeder Art von Identifikation heraus, auch mit sich selber, so dass es wieder mit den Dingen eins werden kann (Watts 164f.). Die Entleerung (bei Brinkmann: Entleerung von Wörtern, Begriffen, alles Erworbenen) ist Voraussetzung dafür, dass die Welt sich völlig unerwartet, ganz überraschend doch noch offenbaren kann. Der Vogelflug ist nichts anderes als eine Ansicht des Selbst, er soll einen (selten erfahrenen) Zustand der Ichlosigkeit (Watts 70) versinnlichen und beschreibbar machen. So wie es diesen Zustand nur als Abstraktum gibt, als eine Abstraktion unserer Erinnerung, können wir uns den Flugweg des Vogels am Himmel nur vorstellen. Der tatsächlich gezogene Weg hinterlässt nichts, ist ohne Grund. Wenn wir bereit sind, diese Gedichte als lyrische Meditationen zu lesen, dann öffnen sie wie bei Braque den »leeren Raum« als »Seelenraum« und unsere Sinne werden empfänglich für das Geheimnis der Kunst (Tück, 12). Aus traditionellen Sinnbildern des menschlichen Seelenraums mit bekannter magisch-religiöser Symbolik schlägt Brinkmann poetische Funken für eine an die Kunst eines Georges Braque gemahnende Sprache des Unerklärlichen. Der Vogelflug soll in seiner reinen, abstrakten Verwendung nach Möglichkeit alle anderen symbolischen Bedeutungen in sich aufnehmen und auf eine höhere Ebene heben. Dafür spricht die Ausrichtung der Bewegung an der Linie des Flugs, in der die Sonderbedeutungen mit bedacht sind. Deshalb sind beide Schlüsse mit ihren verschiedenen Perspektiven in sich konsequent und ausreichend, beide spiegeln die Ambivalenz des Mysteriums. Man kommt nicht voran (äußerlich) und doch geht es (innerlich) vorwärts.

Große Verwandtschaft mit solchen Texten haben alle Äußerungen des Autors über den sehnlich erhofften Zustand der Stille. In ihm setzt sich der Weg zur Selbstbefreiung fort, er wird unter ganz verschiedenen Begriffen gefasst wie das Atmen und Einschwingen, die Anwesenheit, die Wortlosigkeit, die Intensität. Immer öfter formuliert Brinkmann nach 1970 solche »Grundbedürfnisse: Bewegung, Stille, Achtung, Aufnahme!« (Erk 115) Und er begeistert sich für Literatur, die das verspricht und von der er glaubt, dass sie es hält. Bekannt ist seine Rezension zu Burroughs' Roman *Nova Express*, die 1971 in der *Stuttgarter Zeitung* unter dem Titel *Laßt das Stille-Virus frei* erschien (FW 203–206) und nicht nur das Zitat, sondern aus dem Roman diesen Grundgedanken übernimmt und anpreist. Und im Rom-Buch finden sich sehr exakt beobachtete Passagen wie die vom nächtlichen Straßenkehrer in Graz (RB 144), dessen Bedeutung von der leeren Straße und »von der Stille« kam. Sein Gedicht *Das stille Zimmer* beschreibt diesen Eintritt in den Zustand der Stille als Betreten eines Zimmers. Körperliche Handlungen gestalten die Aktionen, Herumschauen, Hinsetzen, Aufstehen, »ein tiefes Atemholen«, das Ich denkt an etwas und gleich wieder nicht, »doch nichts entgeht ihm in dieser Stille« (St 347). Alles ist höchste Konzentration, physische und geistige Hellhörigkeit, Sammlung der Sinne auf das Zentrum des Daseins hin, dem das Ich größte Aufmerksamkeit widmet.

Das ist ein Zustand völliger Ruhe und Gleichgültigkeit, eine größere Erlebnisfähigkeit, weit entfernt von der Euphorie der Drogenkonsumenten, die von der schärferen Wahrnehmung schwärmten. Solche erhöhte Bewusstheit »in divinity and pain« feiert eines der *Peyote Poems* von Michael McClure in einem Gedicht über die Wirkung des

Meskalin (Lipton 145, 286 und Beat 114–116). Aber Brinkmanns Gedicht hat damit nichts mehr gemein, es erreicht die meditative Praxis auf anderem Wege. Das Sublimieren, Schöpfen neuer Energien durch verschiedene Stufen der Selbstentäußerung hindurch weist eher noch Parallelen auf zu den musikalischen Vorlieben. Denn in den 70er Jahren hört Brinkmann gerne »Psychedelic Rock«, insbesondere Schallplatten der Gruppe *The Soft Machine*, wie auch Kompositionen von Eric Satie (Sch 97, 127–130, 135). Psychedelische Erfahrung bedeutet wörtlich übersetzt: Diese Musik lässt die Seele in Erscheinung treten (griech.: psychē dēloun = offenbaren, ein dēlouma ist ein Mittel zur Offenbarung). Das war bewusstseinsverändernde Musik, sie sollte tranceartige Gemütszustände herbeiführen, Kreativität stimulieren. Diese Musik braucht Brinkmann als halluzinogene Ergänzung, er liebt die weiche Musik und lauscht andächtig den Platten mit ausgedehnten, tranceartigen musikalischen Formen, den wie statisch wirkenden Stücken ohne Anfang und Ende (Flender 122).

Das ist die eine Seite. Die andere zeigt in eine ganz andere Richtung. Offensichtlich erscheint Brinkmann jetzt der gesellschaftliche Rückzug wie die Voraussetzung für die Befriedigung eines jeden dieser Grundbedürfnisse. Die mehrjährige Phase nach 1970 könnte man unter das Motto stellen: Von der Kunst, nirgends die Welt zu berühren. Distanz, Rückzug und Berührungsangst, sie regieren die Absicht, den Zustand des klaren Geistes zu erlangen. Er möchte förmlich der Welt abhandenkommen. Sie soll ihn nicht mehr finden. Gehen, Stehen, Sitzen und Liegen, die einfachen Dinge des Lebens werden kultiviert und literarisch hochgehalten wie bei der Meditation (Watts, Lipton 212). Seit dem Rückzug 1969/70 will er nur noch erkennen, darstellen, aber aus der Distanz heraus und ohne wirkliche Beziehung zur Welt. Der Vorbehalt nimmt umfassende

Formen an. Die mentale Reserve tritt als Grundhaltung immer deutlicher in Erscheinung. Wenn es nichts außer in den Dingen gibt, wie Brinkmann von Williams lernt, wenn deshalb alles zum Gegenstand des Gedichtes werden kann, wenn alles höchste Aufmerksamkeit wert ist, wenn alle Dinge gleichsam Sakramente sind, dann genügt es, auf sie zu zeigen, so wie der Dichter-Prophet vergangener Zeiten im Ritual die Dinge beim Sprechen oder Singen geheiligt hat. Im verständlichen Wunsch nach dem Unbeteiligt-Sein steckt auch ein Risiko. Denn die Welt besteht nicht nur aus den wertvollen Details und sie steckt nicht nur in den Dingen. Auch die Regulierung des Atems muss nicht die wichtigste Angelegenheit im Universum darstellen. Und selbst wenn man nichts anfasst, kann man sich dennoch gehörig schmutzig machen. An dieser hohen Kunst, nirgends die Welt zu berühren und doch in ihr zu sein, sollte Brinkmann scheitern. Übersensibilisiert setzt er sich bei seinen Streifzügen in die Welt allen Zumutungen aus. So gelingt es ihm nicht, die Berührung mit dem »Dreck« zu vermeiden. Er möchte ihm aus dem Weg gehen, aber sein Weg führt ihn doch immer mitten hinein. Darin gleicht er dem Flaneur Mr. Paterson in William Carlos Williams' gleichnamigem Langgedicht, der bei seinem Gang in die Gedanken, durch die Welt und zurück hauptsächlich Wut, Entrüstung und Verzweiflung erntet.

Die Worte der Bibel zu dem Thema Stille sind Brinkmann seit den frühen Gottesdienstbesuchen in der Jugend bekannt. Seelenruhe, Ataraxie ist ein herausragendes Verhaltenskonzept der gesamten Antike. Biblisch finden wir es dann wieder als Aufforderung zu Umkehr und Ruhe, Stille und Vertrauen (Jesaia 30,15, Luthers Kommentar: durch Leiden, Geduld und Harren). Im Psalm 131,2: »Ich ließ meine Seele ruhig werden und still; wie ein kleines Kind bei der Mutter ist meine Seele still in mir« begründet kindliches

Vertrauen den engen Bezug vom Menschen zu Gott (Psalm 35,20 die Stillen im Lande; Psalm 62 Stille und Zuflucht zu Gott). Und wer im Neuen Testament dem Modell der Kindschaft des Menschen folgt, wird befreit von schweren Lasten (Matthäus 11,18). Solche Stellen bieten eine Vielzahl von Anknüpfungen. Wo immer der Wunsch nach Unerschütterlichkeit, Widerstandsfähigkeit, Bekämpfung der Unruhe des Verlangens aufbricht, spielt das moralphilosophische und theologische Konzept der Seelenruhe mit hinein. Das Bedürfnis nach Stille drängt bei Brinkmann fernab von den Kölner Zuständen in Rom ans Tageslicht. Denn in Rom, das schon geographisch unausweichlich die Nähe zum Katholizismus aufweist, beginnt Brinkmann mit einem Buch, das schon im Verfahren das Konzept der Seelenruhe als Selbstbehauptung in schwieriger Umgebung symbolisiert.

Das Buch *Schnitte*, 1973 in Rom und Olevano begonnen, in Köln fortgeführt (Fauser 2020, 259), dieses Buch des Unmuts steckt nämlich voller schriftlicher Belege zur »Stille«, verbunden mit der Aufforderung »zurück in die Stille« (6, 9, 13, 20f., 84), die dem zur Collage versammelten Material strikt zuwiderlaufen, geradezu im Kontrast zu ihm stehen. Es dürfte eines der am häufigsten wiederkehrenden Wörter sein. Das hat Methode, denn auf vielen Seiten wirken die übereinandergeklebten Abbildungen und Zeitungsmeldungen wie ein undurchdringliches Stimmengewirr. Das graphische Verfahren soll den Zustand der Welt exemplarisch vorführen, während die Texte ihren Einspruch erheben. Mitten aus den schreiend grellen visuellen Objekten, die das Geheul der Welt bis zur unerträglichen Geschmacklosigkeit sinnlich ausbreiten, ragen die Texte hervor, die dem Gegenteil das Wort reden. Feststeckend im ohrenbetäubenden Lärm der Bilder und proliferierten Meinungen vernehmen wir die Stimme des einsamen Rufers, die aus der Stille seiner fast mönchischen Arbeitssituation an den drei zur letzten Zuflucht gewordenen Schreibplätzen erklingt. Wie ein Anachoret, Einsiedler und Einzelgänger stemmt sich der Autor gegen diese verseuchte Welt und pocht auf den Anspruch zum ungestörten, unbeeindruckten Arbeiten.

Beim Atmen in der Stille »begann sanftes rhythmisches Einschwingen in Jetzt, Hier« (Sch 67). Und es fallen ernste Worte: »selber ein Mensch hätte ich gern ins Menschenleere gewollt, starrte sehnsüchtig dorthin, ringsum kein Laut« (Sch 79). Doch während die »brütende Stille des Weltalls schien«, arbeitet der Autor weiter: »langsam schnitt ich mir meine Zeit aus Stille zusammen« (59/155). Das Eintauchen in den seelischen Ruhezustand gebiert Bilder von zerdehnten Augenblicken wie die von der Schnecke und der Schildkröte (Sch 60, 87, 128), er kann nun »die Augenblicke ausdehnen« (Sch 135) und besondere Empfindungen notieren wie »das zärtliche Gefühl« (Sch 86), die »langsame Zärtlichkeit beim Gehen« (Sch 92–94). Nur die Stadtgeräusche (Sch 101, 111, 132) stören gelegentlich die »ländliche tutti-frutti-Stille« (Sch 91). Am intensivsten bleibt die Schilderung der Transzendenzerfahrung vom 14. bis 15. April 1973 in Erinnerung. Über zwei lange Beschreibungen ausgedehnt (Sch 67f. und 79f.) versucht Brinkmann, der neben seinem Sohn Robert auf den Steinstufen seines Zufluchtsortes sitzt, dieses »sanfte Halten« einzufangen. Die weit ausholende Prosa spannt in ihrer sprachlichen Architektur einen existentiellen Bogen um das banale Geschehen, das die wortlosen Momente als seltenes Erlebnis von Glück festhält: Endlich spürt er »nichts von Isolation« (Sch 80). Die eindringlichen Texte und überaus einfühlsamen Textpassagen sprechen vom Einverständnis mit den Dingen, finden Worte für das Einswerden von Ich, Natur und Welt, sie markieren zugleich den schärfsten Gegensatz zu den *Death-and-Disaster*-Motiven im Stil von Andy Warhol, die das Buch gnadenlos ausbreitet. Wer die Gegentexte Zeile für Zeile liest, gewinnt nicht mehr nur Abstand zu den Katastrophenbildern, sondern spürt auch seine tiefe Abscheu gegen diese Präsentation von Welt.

Dies schreibt der Autor im Alter von 33 Jahren. Es scheint dringend nötig zu sein, er muss Selbstbehauptung, Sicherheit und Stärke wiedergewinnen. In allem hat er Ruhe gesucht und sie doch nur beim Schreiben gefunden. Bilder der Stille sind der bevorzugte Stoff der Kunst, seit die Moralphilosophie die Seelenruhe nicht mehr berücksichtigt. Gewiss: Stille ist ein altes Ausdrucksmittel für das Numinose in der Kunst, sie verweist auf das Erhabene. Die mystische Stille hat einen klaren Zweck: Aus Furcht davor, ominöse Worte zu gebrauchen in der Gegenwart des Numinosen, schweigt man lieber stille. Schweigen ist hier ein Ausdrucksmittel des Numinosen (Otto 88–90). Aber wen hört er in der Stille? Wer spricht dann? Hier bei Brinkmann fehlt die Angabe des Grundes, wozu er die Stille aufsucht. Sie scheint das Ziel, der Fluchtpunkt seines Daseins geworden zu sein. Aber was kommt danach? Es bleibt nur der diffuse Eindruck, etwas Numinoses würde sich vielleicht ereignen. Den Hinweis aus dem erwähnten Gedicht *Das stille Zimmer* kann man umkehren. Er lenkt dann in die offene Frage: Was fehlt? Was entgeht ihm nicht?

Eines aber spürt Brinkmann deutlich: Das starke Gefühl einer Stille ohne Anwesenheit im Gedicht. Er genießt die Momente irrationaler Unbegreiflichkeit, das Unfassliche, nur tentativ Erfahrbare, den nicht näher beschreibbaren Zustand der Erweiterung (Otto 163 f.). Hier kommt es auf das Grundlegende an: Es gibt religiöse Kunstwerke, deren Gegenstand nicht religiös zu sein braucht, und umgekehrt gibt es irreligiöse Werke, die dennoch religiös sind. Die in der *Schnitte*-Ekphrase gezeigte Darstellung kommt völlig ohne religiöse Inhalte und Gegenstände aus und ist insofern im doppelten Sinne prosaisch, aber die Art des Sprechens, die mitgeteilte Empfindung des Atmens, des Haltens, das von höchster Sensitivität Durchdrungene der gesamten Erfahrung wie auch der Sprachgestaltung, das alles trägt unverkennbar religiöse Züge. Die ganze sakrale Energie und die beseelte Empfindung teilen sich dem Leser eben durch das Medium der künstlerischen Formung mit. So tritt ein geheiligtes Geschehen hervor, das ersichtlich ohne Religion auskommt, aber eben doch nicht frei von Religiosität ist. Er hat solche Texte gerne gelesen, wie etwa bei Ron Loewinsohn, *Die Stille des Gedichts* (Beat 130), und die Formel sogar aufgegriffen. Sein umfangreiches poetologisches Nachwort zu *Westwärts 1 & 2* kulminiert in der befriedigenden Maxime: »zurück in die Stille der Gedichte« (Ww 2005, 312f.). Zwar gilt: »Stille ist nicht schweigen«, aber noch einmal zelebriert er die beim Gehen erlangte Erfahrung in einem Zustand ganz ohne Wörter: »was für eine fantastische Stille« (Ww 2005, 261). Hier, beim windstillen Schreiben im seelenberuhigten Stand, zeigt sich das Rettende in der Sprache, hier findet das letzte Gericht statt: »Kein Wort also, Maleen, ist so wahr wie es zurückkommt in die Stille!« (RB 331) Der Stille beim Schreiben misst er wie Paul Eluard höchsten Rang zu (Eluard 30, 38, 40, 42, 85). Im Schreibakt gewährt nur die Stille dieses periodische Eintauchen in die unzerstörbare Situation, sie hat fast festlichen Charakter.

Muss man noch die Vorbilder für solche dem Kult angenäherten Schreibszenen erwähnen? Eine plötzlich eintretende festliche Stille kündigt das Erscheinen des Höchsten an (Offenbarung 8,1; Markus 4,39ff.). Stets gehören diese Handlungen zusammen: Stille und darauf folgende Offenbarung, Kontemplation und sich darin zeigende Hierophanien – ohne Ende und in mannigfachen Segmenten der Erfahrung zehrt Brinkmann von religiösen Gründen seiner Transzendenzerlebnisse. Es ist eben nicht so, dass dieser

Autor nur von der Negativität lebt, er weiß durchaus um die »leichteren, helleren Bilder vom leichteren Leben«, die nur aus einer »Gegenwart mit weniger Menschen, mit stillen, intensiv beschäftigten Menschen, Orten zum Träumen und Nachdenken« (Erk 267) kommen können. Und so will er »Langsam, langsam, langsam, langsam. Stille sein, in der Stille weitermachen« (Erk 267), bis er vordringt in »Das Leben«, das nichts ist als »ein stiller, wortloser Bereich, überall, in jeder Form bedrängt« (Erk 30f.). Die Form sei freilich »leer«, nicht aber das dahinter gesehene Leben.

Hier werden wir einer modernen Inversion der Transzendenz ansichtig, die auch Brinkmanns Lebensphilosophie zu lenken scheint. Brinkmann feiert das Leben ganz wie einen religiösen Vollzug, er findet literarische Bilder für diese innere Religiosität, für eine reine Erfahrung von Fülle und Freiheit. Das nennt er Wortlosigkeit, »sprachlose Räume« (Ww 2005, 260). Sie bedeuten die vorprädikative Gestimmtheit und das Einschwingen in das »pulsierende Leben«. Denn die ganze Suche nach angemessenem Ausdruck gilt einzig der Frage: »Reaktionen, Hymnen an das Leben, wo aber ist das Leben?« (Ww 2005, 259) Seine endlosen Klagen über das Zuwenig an Leben, sein gnadenloses Verdammen des Zuviel in allen (ihm fehlenden) gesellschaftlichen Lebensumständen, haben ihren Grund in einer ganz in die Immanenz hinein gedrehten Transzendenz. Gemessen an diesem hohen Anspruch des gelingenden Lebens jenseits aller Bindungen und Vorgaben, müssen die meisten Handlungen und Entscheidungen in den empirischen Einzelheiten des Lebens abfallen. Das ist das Erbe Arthur Schopenhauers und Friedrich Nietzsches. Und Brinkmann knüpft an diese moderne Rückwendung der Metaphysik in den Lebensbegriff an. Wie die Lebensphilosophie des frühen 20. Jahrhunderts, darin durchaus vergleichbar mit Georg Simmel, sucht der Autor im Leben jene fundamentale Erlebnisform und ein Ordnungsschema, das Orientierung verspricht. Auch Brinkmann setzt ja das Leben als absoluten Wert, stellt es über alle anderen Kategorien und wiederholt die Achsendrehung, welche die transzendenten Religionsinhalte in andere Bahnen lenkt, so dass sie den modernen Bedürfnissen entsprechen. Solche Religiosität braucht selbstverständlich keine institutionelle Organisation, denn sie geht ganz im individuellen Lebensvollzug auf. Wie in der Kunst soll in jeder einzelnen gelebten Individualität die innere Lebendigkeit in allen Äußerungen erreicht werden. Und wie Arthur Schopenhauer und Georg Simmel betrachtet Brinkmann die Kunst als Erlösung von den Turbulenzen und Widersprüchen des Lebens, als Ausweg aus der Beunruhigung und Unerträglichkeit seiner Verwerfungen und Zumutungen. Wie unterschiedlich die Suche nach der Seelenruhe sich bei Brinkmann auch äußern mochte, so war sie doch immer auf subtile Weise mit dem Absolutheitsanspruch verbunden, der ihm selber jederzeit völlige Kompromisslosigkeit abverlangte.

Licht

Der Lebensbegriff, religiös grundiert, aber diesseitig erhöht und zum höchsten Wert gesteigert, schimmert überall dort durch, wo die natürliche Wirklichkeit sakrale Stimmungen hervorruft. In Rom empfindet er eines Abends kurz nach der Ankunft die »Allerseelen-Stimmung« (RB 79), die gleich die Erinnerung an »die roten Lichter zu Allerseelen« (Erk 233) auf den Gräbern in Vechta weckt, aber das nie zuvor gesehene Licht fasziniert ihn dauerhaft während des gesamten Aufenthalts in Italien. Die Kontexte solcher Darstellungen bilden immer Figuren des Übertritts und Figuren einer schillernden Transzendenz. Noch ein scheinbar anders gelagertes Motiv wie die Tür kann die Symbolik des Überirdischen transportieren, wenn es mit den entsprechenden Indizien verknüpft ist. So steht das für Brinkmanns Werk sehr charakteristische Bild der Tür, er verwendet es in Gedichten wie Prosatexten gerne, für dieses Hineinstellen des Gesagten in eine schillernde Transzendenz.

Das ist der Grund, weshalb ihm die Zeichnungen von Günther Knipp imponieren, auf den er in der Villa Massimo trifft und mit dem er einen Austausch zulässt. In seinem kongenialen Essay für eine Ausstellung, *Die Zeichnungen von Günther Knipp*, sogleich 1974 in der Münchner Monatsschrift *Die Kunst und das schöne Heim* publiziert, kann er eine Auswahl der Werke mit abdrucken, darunter Knipps Bleistiftzeichnung *Tür.* 1972 (Abb.). Das Porträt hebt am Schaffen des Zeichners hervor, dass seine Bilder »zeigen, was sie zeigen«, aber ihre Gesamtatmosphäre sei mit »spurenhafter Helligkeit durchsetzt« (FW 270). Aus dem sie umgebenden »mächtigen nächtlichen Dunkel« bricht weißes Licht hervor; die Bilder vermitteln dem Betrachter »Stille, nicht Schweigen« (FW 271). Im Grunde ist die Tür nur ein bekanntes Zeichen für Schwellensituationen, sie ist eine Figur des Übertritts, aber in der künstlerischen Auffassung Knipps von seinem Sujet kommt Entscheidendes hinzu:

> Eine Zimmertür ist halb geöffnet und herein in den abgedunkelten Raum bricht eine Fülle Licht. Wie scharf und

genau die Begrenzung der Zimmertür gezeigt ist, und die Helligkeit ist ein raumloser intensiver Zustand, ohne Begrenzung, es ist Tag, der ohne die hereinbrechende Helligkeit ein Fetzen ist, mit der Ansammlung erstarrter Notwendigkeiten und Zwänge, [...] den gegenwärtigen Lebensformen und Ansichten, die bestehen. Jetzt ist eine Tür geöffnet [...] (FW 271)

Hier geht es um deutlich mehr als die Erläuterung der zeichnerischen Technik, die der Autor sogar vernachlässigt. Hier dominieren Benennungen, die Knipps Werk in ganz andere Sphären versetzen. Brinkmann, der vorgeblich nur sehen und spüren lassen will, dass die Bilder gar keine Bedeutung hätten, weil just in dem Augenblick, den sie auswählen, »alle vorgegebenen Bedeutungen zerfallen sind« (FW 273), erzeugt dagegen in der Bildbeschreibung den Eindruck, es gehe um alles, ja, es gehe in jedem der Bilder um das Leben in seiner Totalität. Dem erwähnten Bild lauscht Brinkmann nämlich eine wortlose Geschichte, einen kompletten »Vorgang« ab, der sich in der Darstellung unter dem kurzen Titel »Tür« verberge. Wo sind wir? Wer kommt herein? Was wird gesagt? Das Bild, so Brinkmann, indiziert solche Fragen, denn die »Fülle hereinkommender Helligkeit hat das fordernde Drängen bestehender Arrangements und Dinge [...] lautlos aufgelöst« (FW 272). Die Beleuchtung, sie spielt ähnlich wie beim Film die überragende Rolle, lenkt den Blick von der Tür weg auf die freie, nicht gezeichnete Fläche im Zentrum: »Hier, auf dem Bild, steht die Tür offen und herein kommt Licht, Helligkeit.« Diese Kunst zwingt den Betrachter nicht nur in eine »Position«, sondern »in eine Haltung«, nämlich »in einen offenen, hellen Lichtraum zu schauen« (FW 272). Kein Zweifel: Die essayistische Lektüre wird zur Abhandlung über die Bedeutung solcher Bilder für Brinkmanns eigene Kunsttheorie, wenn nicht für seine Existenz. Und die »plötzliche, schöne Möglichkeit« (FW 273) in den Zeichnungen, die Brinkmann zum Schwärmen bringt, kann er nicht anders bezeichnen denn als »Über-Wirklichkeit«, der endlich einmal keine »schäbige Tendenz« anhaftet (FW 274). Das zeichnerische Öffnen eines Raumes für ein Licht, das im Zentrum des nicht Dargestellten, im Freigelassenen leuchtet, das den Raum transparent erscheinen lässt, verleiht dem Sujet Dynamik und symbolische Kraft. Das in allen Arbeiten Knipps behandelte Thema Licht behält, obwohl als rein natürliche Sache auftretend, die Eigenschaft des Phantastischen. Denn das Licht, das in seiner »Fülle« herein»bricht«, und das gleichzeitige Hinausdrängen des Lebens aus seinen »Lebensformen« stehen in Brinkmanns Bildbeschreibung in einer stetigen dramatischen Wechselwirkung. Diese Bewegtheit erzeugt das Schillern der Transzendenz im Ausdruck. Ihm genügt die Andeutung, und er sieht darin die unmittelbar überzeugende Veranschaulichung des Metaphysischen. Brinkmanns Staunen vor Knipps Bildern legt die richtige Frage nahe: Was ist das für eine Wirklichkeit?

Die Weihnachtsferien 1972 verbringt er in Olevano. Nachmittags an Heiligabend sitzt er auf einer Anhöhe außerhalb des Ortes und genießt den Panoramablick über das Dorf hinweg. Da ereignet sich eine Naturerfahrung der selteneren Art: »Zuerst und immer anwesend ist eine Stille und mit der Stille das Licht.« (RB 384) Plötzlich »bricht ein heftiges Glänzen durch«, die »Dampffelder« des Nebels leuchten als »weißliches Schweben« auf und die »Sonne sticht jäh blendend durch«. Allein auf weiter Flur gleitet der beschreibende Blick des in sich versunkenen Wanderers über lange Passagen durch die Landschaft, sein »Atem dampft leicht«, während der Beobachter in der Anhöhe herumsteigt, er sieht wieder »Lichtstreifen« und »schwarze, wirre Zeichen vor mir, über mir«, die »einfache Ästhetik«, auf die er sich partout keinen Reim machen kann. »Lichtveränderungen«, »Helligkeitsverschiebungen«, »blendende Lichtsäume« schaffen eine Atmosphare der »Bewegungslosigkeit«, und dahinein »fällt Sonnenlicht, aus einer unsichtbaren Sonne«. Unweigerlich geht der Blick nach oben: »Und der von Helligkeit, Licht dampfende Himmel über dem Tal.« (RB 383–385) Eine gewaltige Naturerscheinung, gerade in der aufsteigenden Anordnung des Geschehens, sie wirkt fast wie eine Lichtvision unvordenklichen Ausmaßes. Unübersehbar wandelt Brinkmann auf den Spuren der deutschrömischen Landschafter aus der romantischen Malerei (RB 409, 429), also jener vorangegangenen Besucher der Gegend, die er nun selber vor Ort studiert. Jedenfalls eine empfindsame Feier des Lichts, die, als Erlebnis vom Heiligabend notiert, erstaunliche Assoziationen zu biblischen Bildern vom Licht erlaubt und mit ihren versteckten Hinweisen auf »Zeichen«, auf »Unsichtbares« rätselhaft und überschießend wirkt. Nie bleibt es beim bloßen Naturereignis, im Text stoßen immer wieder Indizien auf, die im Gegenstand eine symbolische Seite anreißen.

Eben weil solche Texte immer mehr geben, als nur die Anschauung der ihren Autor umschließenden realen Wirklichkeit, dürfen wir nach diesem Mehrwert fragen. Freilich müssen wir nicht an den Schöpfergott oder Christus als Licht der Welt denken, es genügt das Eingehüllt-Sein des Autors vom natürlichen Licht, das ihn umfließt und ihm spirituell erscheint. In ein mystisches Licht getaucht, erhält das kosmische Phänomen eben doch eine über sich hinausweisende Qualität. Das Rätselhafte des italienischen Lichts kommt bei Brinkmann ganz ambivalent daher. Ob es die Romantiker sind oder die Zeichnungen von Günther Knipp, das Licht als natürliche Wirklichkeit wirkt auf verführerische Weise religiös. Es ist rein diesseitig und doch nicht ganz von dieser Welt. Die Glorie, in die das

Licht den umgebenden Raum taucht, reißt den Autor zur Bewunderung hin, weil es dem Ausgerichtetsein des Lebens, seiner Offenheit, den Weg weist. Unweigerlich wird der musikbegeisterte Autor auch an *Velvet Underground* gedacht haben, an ihren Song *Beginning to see the light* (1969). Das Ineinander von religiösem Naturerlebnis und Popsong schimmert jedenfalls auch hier noch durch. Aber immer begegnen wir seinem Rückzug auf das, was für ihn im unmittelbarsten Sinne Leben ausmacht. Im Anschluss an die Überwältigung durch das natürliche Licht folgt wieder einmal die »wortlose Beruhigung durch eine derartige Naturlandschaft« (RB 350). Mitten in der Lichtvision wird ein Erlebnis bemerkbar, das den Wandel alles Lebendigen sichtbar macht. Es ist, als ob der Autor hinter vorgehaltener Hand flüstern würde: Da ist etwas Größeres, etwas Unzugängliches, für das es keine Erklärung gibt. Dies Licht dürfen wir als einen sichtbar wirkenden Weltgedanken auffassen, eben eine Art von Metaphysik ohne Institution oder Scholastik, aber auch eine, die nicht in der Sackgasse eines bloß materialistischen Diesseits stecken bleibt (Gebser 135–137). Die schillernde Transzendenz bewegt sich zwischen den beiden Polen, einer Welt ohne Gegenüber und der souveränen Anerkennung derjenigen Erscheinungen, in denen stets auch das Irrationale, Magisch-Vitale, Religiöse enthalten sein könnte. Wenn Brinkmann schreibt, das Licht hier sei »von einer sanften Qualität und Klarheit« (RB 79), wenn er Frank O'Hara übersetzt mit dem Gedichtanfang »Licht – Klarheit – Avocadosalat am Morgen« (O'Hara 39; FW 215) und diese Formel im Essay als Quintessenz herausstellt, dann ist dem Text keine eindeutige Tendenz, schon gar keine rational nachvollziehbare Botschaft zu entnehmen. Mag der Salat für das unabweisbar Handfeste der realen Dingwelt einstehen, die »Klarheit«, die Weisheit, ist dagegen immer eine mentale Sache, bei der man – warum nicht mit einem Bibelzitat – den »Widerschein des ewigen Lichts« (Weisheit 7, 26) hinzudenken darf und muss.

Rom ist seine »Stadt der Schmerzen«, wie sie in Dantes *Göttliche Komödie* im dritten Gesang als Überschrift des Höllentors fungiert, durch welches man sicher in die »Capitale de la douleur« (Eluard) gelangt. In den Bezirk der Lauen und Gleichgültigen. Aber Rom verändert ihn. Und Rom steht für die Unmöglichkeit eines Auswegs aus der Kunst, unglücklich zu sein. Auch Brinkmanns Kampf gegen die Tradition, gegen alle Begrenzungen und Festlegungen bleibt Teil des immerwährenden Dramas. Eben dieser unabschließbaren Auseinandersetzung mit seiner katholischen Herkunft. Sie ist oft Thema in Briefen an Henning John von Freyend gewesen. So diskutiert er mit dem Freund am 10. Oktober 1973 in einem über vierzig Seiten langen Brief wieder einmal über die kirchliche Sexualmoral, über das Onanieverbot, das Alte Testament, in durchaus blasphemischen Kommentaren:

> Jesus brach Brot und (reichte) Wein: genau für unsere Breiten heißt das: Jesus verteilte Kartoffeln, das Sauerkraut, schenkte Bier aus und sagte: Nehmet hin und esset, das ist mein Leib, dampfendes Sauerkraut mit Speck, schäumendes Bier. Und in Frankreich? In England? In Spanien? In der Türkei? Jesus verteilte Kuskus und sagte: nehmet hin und esset, das ist mein Leib, dann in Japan: verteilte er Sake, Reiswein, sagte, das ist mein Blut usw. Merkst Du den Witz? Und in Mexico? Sagte er zu den Mehlfladen dasselbe, hahaha!
>
> Das ist die infernalische Bedeutung unseres Kulturkreises: schlechtes Essen!
>
> So, und damit ist die sogenannte Transsubstanziation auch erledigt worden, ganz nebenbei. (Archiv Uni Vechta)

Der satirische Text enthält immerhin ein Körnchen Wahrheit, man könnte ihn neben theologische Texte zur Entmythologisierung des Glaubens legen, denn unter dem Blickwinkel der Wandlung beim Abendmahl betrachtet ist jede andere Speise wohl »schlechtes Essen«. Am Ende klebt er auf den Brief ein Foto, auf dem er mit dem Kopf unter einer brennenden Glühbirne stehend in die Kamera schaut, ein leicht durchschaubares Spiel mit der Aureole, dem ikonographischen Zeichen für den Heiligen Geist auf den Heiligenbildern. Durch ihre Kontexte aktualisieren Text und Foto die Traditionen. Aber der Blick auf dem Foto ist ironisch und auf seltsame Weise doch wieder nicht. Das Gesicht wirkt wie verblüfft und starr angesichts der Kontrafaktur, die mit der Bildidee hineinkommt. Mag sie auch zur Anspielung verkommen sein, so geht es selbst hier nicht ohne das Schillern der Transzendenz. Wo der Glaube abhandenkam, waren es immer noch die beeindruckenden »Himmelsfluchten« der Natur (RB 332), die für den Symbolismus der Heiligkeit (Eliade 1957, 75) in einer profanen Welt ohne eine christliche Dimension sorgen konnten.

Anders als die religiöse Erfahrung kennt die profane keinen wirklichen Rückhalt in den empirischen Handlungen. Echte Orientierung ist ihr bedingt möglich oder nur schwer zu erlangen. Brinkmann hat es wohl so verstanden: Der moderne Mensch bewegt sich getrieben von Zumutungen des Lebens in einer amorphen Menge neutraler Orte und Räume ohne Aussicht, je anzukommen. Doch auch innerhalb dieser nicht bestimmten Umgebungen tauchen noch Phänomene auf, die dem religiösen Erlebnis gleichkommen. Augenblicke besonderer, kostbarer, einzigartiger Aufmerksamkeit sind die heiligen Stätten eines privaten Universums. Hier erfährt er eine andere Wirklichkeit, unterschieden von der Alltagsexistenz. Hier schwingt er in den anderen Rhythmus eines Lebens ein, das nicht nur Selbstüberwindung verlangt, sondern auch Selbstbestimmung verspricht. Jean Gebser, bei dem es Brinkmann las, hat es damals zusammengefasst: Weder zu individualistisch (ichhaft), noch bloß von der Masse dominiert und unfrei (ichlos) soll der Mensch werden. Brinkmann arbeitet mit an diesem Versuch, in einem radikal neuen Sinne »ichfrei zu werden« (Gebser 117). Dann wären alle defizitären Formen der Persönlichkeit vermieden. Das alles hat nichts mit Moral oder Anstand zu tun, wird von deren Ansprüchen gar nicht erfasst. Mag ein solcher Zustand gesellschaftlich nicht erreichbar sein, in der Kunst ist das möglich. Nur dieser Freiraum interessiert Brinkmann, und dafür findet er literarische Bilder, die sich fundamental von den drastischen Beschreibungen der Missstände unterscheiden. Sie sind in seinen Texten moralischen Massstäben oft nicht angemessen, aber mit ihnen auch schlicht nicht messbar.

Vogel – Stille – Licht. Das sind drei zusammenhängende literarische Motive, die jedes für sich reichhaltige Traditionen mitführen. In ihrem jeweiligen Erlebniszusammenhang, in dem sie sinnvoll erscheinen, sind sie drei Muster für das Geheimnis der Welt, wirken sie wie drei Manifestationen einer Heiligung der Welt in nachreligiöser Zeit. Einer Zeit, in der das mentale, logische Potential des Menschen weitgehend ausgeschöpft zu sein schien. Wir sehen in den drei ausgewählten literarischen Motiven die Abbauprodukte des Christentums mit nach wie vor religiöser Aura. Im Sinne von Grunderfahrungen formen sie Umstände aus, in denen Brinkmann uneingelöste Lebenspotentiale, das nicht gelebte Leben wittert. Es sind drei Figurationen, an denen sich eine vom Alltag ausgehende und durch ihn bestimmte Phänomenologie des Religiösen in der Literatur Brinkmanns festmachen ließe. Ihr Autor kann sich nicht wirklich vom Sakralen befreien, aber er folgt selbst unwillig, wenn es ihm nur entgegenkommt. Auch unabsichtlich erhellt das Licht der religiösen Symbole, so schwach es leuchten mag, sein unmittelbares Verstehen von Grundgesetzen des Lebens. Die Spuren des Heiligen begegnen Brinkmann dort, wo er fühlt, dass ein Gedicht in ihm steckt.

Brinkmanns Angst war mindestens so ausgeprägt wie seine Gewissheit, eine wahrhafte Existenz sei unter den gegebenen Bedingungen nicht möglich. Zu viele negative Errungenschaften umstellten das Leben in der Moderne. Zu direkt wirkten, davon war er überzeugt, diese negativen Konditionen bis in das Bewusstsein des Menschen hinein. Damit war er nicht allein. Andy Warhol blieb hier sein Vorbild. Auch Warhol malte alltägliche Tragödien und zeigte die wechselseitige Bedingtheit von physischen und sozialen Bedrängnissen. Er thematisierte den banalen Tod auf der Straße, im Flugzeug oder im Supermarkt und konfrontierte den Betrachter mit dem Tod am Fließband (Crow 83). Ein besonders schockierendes Gemälde, *Foot and Tire* genannt (1963/64), stellt übergroße Lastwagenreifen dar, unter denen ein einzelner Schuh mit der dem Betrachter zugekehrten Sohle hervorragt. Den unter den Reifen verborgenen Körper eines Überfahrenen sieht man nicht, man erahnt ihn aber. Das Ganze ist viermal reproduziert, wobei die Fassungen heller werden, weil die drucktechnischen Momente hervortreten, bis in der letzten Fassung wie bei einem Negativ das menschliche Element fast unsichtbar geworden, beinahe verschwunden ist. Im Kampf zwischen Mensch und Maschine behält Letztere die Oberhand.

Auch Brinkmann hielt zeitlebens der Kampf mit den Unwägbarkeiten des Daseins gefangen. Das kurze Leben dieses Suchers, getrieben vom verzweifelten Ringen um Ruhe, Gelassenheit und künstlerische Freiheit, endete jäh. Rolf Dieter Brinkmann, junger Autor aus Köln, der gerade beim Cambridge Poetry Festival einen seiner größten Erfolge feierte, lief am 23. April 1975 spätabends in London auf die Straße, er, der selber nicht Auto fuhr, lief mitten hinein in den Verkehr der Welt, dem er unter allen Umständen entkommen wollte. Gerade hatte er das Gedicht *Brief aus London* geschrieben mit den Zeilen: »Mädchen, laßt uns noch einmal tanzen, dachte er // beim Umsteigen in Bayswater.« (Ww 35) und »Nach dem Film krieche / ich fröstelnd unter die dünne Decke eines billigen / Hotels in Bayswater, Haltestelle Odeon« (Ww 136). In London, im Stadtteil Bayswater, beim Überqueren der Westbourne Grove, sollte er sterben, in der Stadt, die für ihn der Inbegriff von Modernität und freiem Lebensgefühl war. Den Tag über, so der Augenzeuge Jürgen Theobaldy, soll er sich mächtig geärgert haben über den Geldmangel, über seine Ehe, über sein Leiden an der Welt. Er war aufgewühlt. Das Ende – hatte er es nicht vorhergesehen?

Wie und wo die Bahn des Einzelnen endet, hat Brinkmann immer intensiv beschäftigt. Seine Frau Maleen erzählt, dass er bei Unfällen, die sich in der Nähe ereigneten, sofort hinzueilte. Was hat ihn dabei bewegt? Das Grauen des Unfalls, der in Stille verwandelte Schrei, der brutale Übergang aus einem Zustand in den anderen? Die Banalität des Sterbens, die groteske Anordnung der verschiedenartigsten Gegenstände? Das trostlose Bild der Hilflosigkeit und Hinfälligkeit? Über den Tod seines verehrten Vorbilds Frank O'Hara, der kurz nach seinem vierzigsten Geburtstag auf der Straße ums Leben kam, konnte er nur trocken sagen: »Betroffenheit über den grotesken Unfall« (FW 218). Darin liegt die ganze Ambivalenz. In seinen Gedichten hatte der Amerikaner alles riskiert. Seine Offenheit im Gedicht, das »vorbehaltlose Sicheinlassen auf Leben, Umwelt, Dinge, Bewegung« brachte bis dahin unbekannte Texte hervor, eben weil er, wie Brinkmann den Dichter O'Hara selber zitiert, sein ganzes Leben nicht in Ruhe, sondern lieber als »Teil des Verkehrslärms« (FW 213) zubringen wollte. Ganz in der Gegenwart leben, das hieß, er wollte und musste sich dieser seltsamen Verbindung von Vernunft und Albtraum mit allen Konsequenzen hingeben. Wie ein Schlendern durch die Straßen sollten die Gedichte wirken. Wie unabsichtlich hingeworfen, nebenbei abgefallen. Der Gefahren nicht achtend, im heimlichen Einverständnis mit den Dingen, im Wissen, »ich werde bei Sachen benötigt so wie der Himmel über der Erde sein muß.« (O'Hara 59) Der Crash ist seit der Mitte des zwanzigsten Jahrhunderts wahrscheinlich das genaueste Bild für die jederzeit erwartete Konjunktion von extremer Freiheit und Katastrophe in unserer Zeit. Ein Geschehen, in dem sich Zivilisation und individuelles Schicksal gegenseitig erhellen. Das Automobil – eine Metapher für modernes Leben schlechthin, ein Bild für die Mittel, für die Möglichkeiten wie auch für die ihnen zugrunde liegende Logik – mächtiger als jede Vernunft.

Seine eigenen »Albträume mit offenen Augen« findet Brinkmann in der banalen Berichterstattung von Illustrierten bestätigt (Erk 266–268), und er sucht ihnen zu entfliehen, hinein in die »helleren Bilder vom leichteren Leben« (Erk 267). Was er damit meinte? Eine wirkliche Gegenwart mit intensiv beschäftigten, also nicht mehr entfremdeten Menschen. Teilhabe am Leben im vollen, frei und selbst bestimmten Sinne. Wahre, wahrhaftige Existenz an Orten zum Träumen. Hingabe an die Poesie des Augenblicks, an Stille, Intensität, Schönheit. Aber sein Wissen um das, was wirklich zählt, wird immer wieder auf die Probe gestellt, ja durchkreuzt vom Unberechenbaren. Was auch immer er suchte. Wo auch immer er suchte. Immerfort musste er leben, »wie jemand, der sich / nicht auskennt / im Leben.« (St 49), ständig gehetzt, beinahe getrieben wie ein Verrückter, und er musste immerfort Gewissheiten aufgeben, musste sein Vertrauen auf die Schönheit preisgeben, bis ihm auch der Glaube an das Unauffindbare abhandenkam. Wenn es stimmt, dass der Mensch immer das Opfer seiner Wahrheiten bleibt, selbst wenn es zutrifft, dass derjenige, dem das Absurde unabweisbar bewusst geworden ist, für immer daran gebunden bleibt, so hält Brinkmanns intensive Beschäftigung mit den modernen Todesarten noch eine geradezu unheimliche Vorhersage bereit. Wer die folgenden Zeilen liest, muss unweigerlich an Brinkmanns eigenes Londoner Unglück denken. Schon im Roman *Keiner weiß mehr* (1968) irrt der Protagonist getrieben von großer Unruhe ziellos durch die Stadt, tappt durch die Straßen und gefällt sich im gedanklich ausgemalten Tod seiner Frau:

> Einer mußte schließlich auf der Strecke bleiben. Sie. Das war gleichsam abgemacht. Und sie war es. Sie rennt über eine Straße, die Kreuzung dort bei dem Hochhaus, Wagen kommen schnell und dicht hintereinander aufgefahren heran, ein Wagen schleudert sie weg, gegen einen anderen Wagen. Alles geschieht sehr schnell und ist nur ein einziges zusammengeschobenes Geräusch, der stumpfe Aufprall ihres Körpers gegen die Karosserie, die Bremsen, das Schleifen von Gummi auf dem Asphalt, mehrere dicht nachgekommene Wagen, die aus der Bahn geraten, und sie wie leichter Plunder, ein Stoffballen, sich überschlagend in der Luft. Fast gleichzeitig kommt auch das Aufklatschen des Körpers auf der Straße, tot, sie, in dem Blechgerümpel, zuckt hier noch unregelmäßig mit einem Bein, das andere Bein verborgen, unter ihr abgeknickt, das Gesicht ist nicht mehr zu erkennen. Wie, wenn er zurückkäme, und sie wäre schon weg. Abtransportiert. (106f.)

Die meisten von ihm archivierten Unglücke sind Verkehrsunfälle. Seltsame Koinzidenz: Auch seine erste Veröffentlichung, die knapp eine Seite lange Prosastudie des Zwanzigjährigen, gedruckt in der *Essener Jugend* 1960 unter dem Titel *Straßenszene*, behandelt einen Unfall, einen gerade noch verhinderten tödlichen Verkehrsunfall. Zwei Jungen, nur Rainer wird namentlich genannt, beobachten ihn an einer Straßenecke. Die vorbeirasenden Autos »rissen Lichtreflexe in die Häuserschlucht«. Eine alte Frau möchte die Straße überqueren, doch Rainer sieht den »Lichtpunkt die Straße heraufkommen«, reißt die Frau am Ärmel zurück und spürt, »wie messerscharf der Fahrtwind ihm übers Gesicht fuhr. Aber da war schon alles vorbei«. Er trägt noch die zu Boden gefallene Tasche über die Straße. Beinahe kann man die Geschichte als Todesszene lesen, denn sie schildert die Ereignisse davor und danach. Noch einmal gut gegangen? Beinahe kann man die Geschichte auch als Vorausdeutung lesen. Auf andere Unfälle. Oder aber als Sinnbild. Die protokollierten Unfälle, so bizarr sie sein mögen, dokumentieren vor allem die starke Beteiligung, die innere Erregung des Autors. Denn sein Tagebuch von 1971 enthält einen Zeitungsausschnitt mit der Schlagzeile »Im Traum in den Tod gefahren«. Der Artikel berichtet vom Unfalltod eines jungen Motorradfahrers, der in einer unübersichtlichen Kurve gegen ein Auto fuhr. Ein alltäglicher Fall. Aber daran war bemerkenswert, dass der Junge seinen Bruder durch einen Autounfall verloren hatte, dass er im Schlaf zu sprechen begann und nachts herumlief. So war er »in Schlafanzug und Pantoffeln« auf den Feuerstuhl gestiegen. Ein Psychiater erklärte den Unfall zum typischen »Fall von Schlafwandel – ein schlafender Sinn dirigiert einen wachen Körper« (Erk 88).

Brinkmann kommentiert den Artikel: »Sie alle fahren im Traum in den Tod« (Erk 89). War für Brinkmann klar, dass der Tod als letztes Geheimnis kein Geheimnis verbirgt? Dass er keine Tür öffnet? Dass auch hier gar kein Bewusstsein am Werk ist? Allein, ihm stellt sich die dringliche Frage: »Von wem ist der Traum dirigiert?« (Erk 91) In jenem großen unbewussten Teil unserer Existenz, dem unterschwelligen Bereich, wirken Erinnerungen an eine fremde, mächtige Gegenwart, die unsere Urteilskraft irritiert. Allein, ist dieses Gefühl der Steuerung, dieses anscheinende Angewiesen-Sein auf eine höhere Instanz begrüßenswert oder handelt jene Instanz zu unserem Nachteil? Beeinträchtigt sie unser Leben, lenkt, kontrolliert sie uns oder lässt sie uns nur von Zeit zu Zeit mächtig staunen? Gibt es überhaupt solche Mächte oder verschaffen sie sich bloß durch uns eingepflanzte Gedanken über die Hintertüre Zutritt zu unserem Selbst? Den Tod zum reinen Faktum erklären? Ihn auf die physische Vernichtung reduzieren? Das Hier und Jetzt als einzige Chance begreifen? Allein Brinkmanns fortwährender Umgang mit Todesarten widerspricht der Anerkenntnis solcher Tatsachen. Schwer vorstellbar, dass er sich mit einer begrenzten Existenz so schnell zufriedengegeben hätte. Das alles ist Teil eines tiefen Zweifels, eines ernsten Ringens und der drangvollen Rastlosigkeit, die Brinkmanns Suche bestimmten.

8 Hinweise

Die handschriftlichen und maschinenschriftlichen Texte von Rolf Dieter Brinkmann sowie andere Dokumente befinden sich im Archiv der *Arbeitsstelle Rolf Dieter Brinkmann* an der Universität Vechta.

Literatur

mit den im Text verwendeten Abkürzungen

Brinkmann, Maleen (Hg.): Rolf Dieter Brinkmann. Literaturmagazin Nr. 36 Sonderheft. Reinbek bei Hamburg 1995 (Lm)

Brinkmann, Rolf Dieter/Ralf-Rainer Rygulla (Hg.): Acid. Neue amerikanische Szene. Darmstadt 1969 (Acid)

Brinkmann, Rolf Dieter: Briefe an Hartmut 1974–1975. Mit einer fiktiven Antwort von Hartmut Schnell. Reinbek bei Hamburg 1999 (BrH)

Brinkmann, Rolf Dieter: Erkundungen für die Präzisierung des Gefühls für einen Aufstand: Träume/Aufstände/Gewalt/Morde. Reise Zeit Magazin. Die Story ist schnell erzählt. (Tagebuch). Reinbek bei Hamburg 1987 (Erk)

Brinkmann, Rolf Dieter: Erzählungen. Reinbek bei Hamburg 1985 (Erz)

Brinkmann, Rolf Dieter: Der Film in Worten. Erzählungen, Essays, Hörspiele, Fotos, Collagen 1965–1974. Reinbek bei Hamburg 1982 (FW)

Brinkmann, Rolf Dieter: Rom, Blicke. Reinbek bei Hamburg 1979 (RB)

Brinkmann, Rolf Dieter: Schnitte. Reinbek bei Hamburg 1988 (Sch)

Brinkmann, Rolf Dieter: Standphotos. Gedichte 1962–1970. Reinbek bei Hamburg 1980 (St)

Brinkmann, Rolf Dieter: Vorstellung meiner Hände. Frühe Gedichte. Hg. von Maleen Brinkmann. Reinbek bei Hamburg 2010 (V)

Brinkmann, Rolf Dieter: Westwärts 1 & 2. Mit Fotos und Anmerkungen des Autors. Reinbek bei Hamburg 1975 (Ww)

Brinkmann, Rolf Dieter: Westwärts 1 & 2. Gedichte. Mit Fotos und Anmerkungen des Autors. Erweiterte Neuausgabe. Reinbek bei Hamburg 2005 (Ww 2005)

Apollinaire, Guillaume: Dichtungen. Ausgewählt und herausgegeben von Flora Klee-Palyi. Geleitwort von René Char. Vorwort von Fritz Usinger. Zweisprachige Ausgabe. Wiesbaden 1953
Beat. Die Anthologie. Hg. und eingeleitet von Karl O. Paetel. Deutsch von Willi Anders. Reinbek bei Hamburg 1962
Benn, Gottfried: Gesammelte Werke in vier Bdn. Hg. von Dieter Wellershoff. Wiesbaden 1958–1961
Berrigan, Ted: Guillaume Apollinaire ist tot. Gedichte, Prosa, Kollaborationen. Zusammengestellt von Rolf Dieter Brinkmann. Frankfurt am Main 1970
Bibel (s. Luther)
Born, Nicolas: Die Welt der Maschine. Aufsätze und Reden. Hg. von Rolf Haufs. Reinbek bei Hamburg 1980
Braque, Georges: Vom Geheimnis in der Kunst. Gesammelte Schriften und von Dora Vallier aufgezeichnete Erinnerungen und Gespräche. Berechtigte Übertragung von Sonja Bütler und Jean-Claude Berger. Zürich 1958
Camus, Albert: Der Mensch in der Revolte. Essays. Übertragen von Justus Streller. Hamburg 1953
Cocteau, Jean: Ausgewählte Gedichte. Zweisprachige Ausgabe vom Dichter illustriert. Übertragen von Georg Schneider. Wiesbaden 1959
Cocteau, Jean: Versuche. Essai de critique indirecte. Mit zwölf Zeichnungen von Pablo Picasso und Giorgio de Chirico. Ins Deutsche übertragen von Friedhelm Kemp. Wien/München/Basel 1956
Eluard, Paul: Hauptstadt der Schmerzen. Deutsch von Gerd Henniger. Berlin 1959
Gebser, Jean: In der Bewährung. Zehn Hinweise auf das neue Bewußtsein. Bern/München 1962
Gott im Gedicht. Eine Anthologie zur deutschsprachigen Lyrik von 1945 bis heute. Hg. und eingeleitet von Helmut Zwanger. Tübingen 2007
Höllerer, Walter (Hg.): Theorie der modernen Lyrik. Dokumente zur Poetik. Reinbek bei Hamburg 1965
Kerouac, Jack: Gammler, Zen und Hohe Berge. Aus dem Amerikanischen übertragen von Werner Burkhardt. Reinbek bei Hamburg 1963
Kierkegaard, Sören: Die Krankheit zum Tode. Übersetzt und mit Glossar, Bibliographie sowie einem Essay, hg. von Liselotte Richter. Reinbek bei Hamburg 1962

Klee-Palyi, Flora (Hg.): Anthologie der Französischen Dichtung von Nerval bis zur Gegenwart. Band II: Die Zeitgenossen. Wiesbaden 1953
Leary, Timothy: Politik der Ekstase. Hamburg 1970
Löbsack, Theo: Die unheimlichen Möglichkeiten oder Die manipulierte Seele. Düsseldorf/Wien 1967
Luther, Martin: Die gantze Heilige Schrifft Deudsch. Wittenberg 1545. Hg. von Hans Volz und Heinz Blanke. 2 Bde., München 1972
Mammut. März Texte 1&2 1969–1984. Hg. von Jörg Schröder. Herbstein 1984
Marcuse, Herbert: Versuch über die Befreiung. Aus dem Amerikanischen übersetzt von Helmut Reinicke und Alfred Schmidt. Frankfurt am Main 1969
Meister, Ernst: Gedichte. Textkritische und kommentierte Ausgabe. Hg. von Axel Gellhaus u. a. 5 Bde., Göttingen 2011
Morrison, Jim & The Doors: Die kompletten Songtexte. Englisch-deutsche Ausgabe. Hg. und eingeleitet von Danny Sugerman. München/Paris/London 1992
O'Hara, Frank: Lunch Poems und andere Gedichte. Aus dem Amerikanischen übersetzt und mit einem Essay von Rolf Dieter Brinkmann. Einleitung von Ted Berrigan. Köln 1969
Perse, Saint-John: Oiseaux Vögel. Aus dem Französischen übertragen von Friedhelm Kemp. Neuwied/Berlin 1964
Prévert, Jacques: Gedichte und Chansons. Deutsch von Kurt Kusenberg. Hamburg 1950
Reese, Karin (Hg.): DIG. Neue Bewußtseinsmodelle. Frankfurt am Main 1970
Rimbaud, Arthur: Sämtliche Dichtungen. Französisch und Deutsch. Hg. und übertragen von Walther Küchler. 2. Aufl., Heidelberg 1955
Sartre, Jean-Paul: Der Ekel. Roman. Aus dem Französischen von Heinrich Wallfisch. Stuttgart/Hamburg 1950
Sartre, Jean-Paul: Baudelaire. Ein Essay. Übertragen von Beate Möhring. Hamburg 1953
Sontag, Susan: Kunst und Antikunst. 24 literarische Analysen. Deutsch von Mark W. Rien. Reinbek bei Hamburg 1968
Stiles, Kristine/Peter Selz (Hg.): Theories and documents of contemporary art. A sourcebook of artists' writings. Berkeley 1996
Tillich, Paul: Der Widerstreit von Raum und Zeit. Schriften zur Geschichtsphilosophie. Gesammelte Werke Bd. VI. Hg. von Renate Albrecht. Stuttgart 1963

Tillich, Paul: Die religiöse Substanz der Kultur. Schriften zur Theologie der Kultur. Gesammelte Werke Bd. IX. Hg. von Renate Albrecht. Stuttgart 1967
Walser, Martin: Über die Neueste Stimmung im Westen. In: Kursbuch 20/1970, S. 19–41
Warhol, Andy: Death and Disaster. Hg. von Ingrid Mössinger und Heiner Bastian. Bielefeld 2014
Watts, Alan W.: Zen-Buddhismus. Tradition und lebendige Gegenwart. Reinbek bei Hamburg 1961
Williams, William Carlos: Gedichte. Amerikanisch und deutsch. Übertragung und Nachwort von Hans Magnus Enzensberger. Frankfurt am Main 1962

Forschung

Barthes, Roland: Mythen des Alltags. Deutsch von Helmut Scheffel. Frankfurt am Main 1964
Baumann, Willi/Peter Sieve (Hg.): Die katholische Kirche im Oldenburger Land. Ein Handbuch. Vechta 1995
Belting, Hans: Das echte Bild. Bildfragen als Glaubensfragen. München 2005
Berger, Peter L.: Der Zwang zur Häresie. Religion in der pluralistischen Gesellschaft. Aus dem Amerikanischen von Willi Köhler. Frankfurt am Main 1980
Bertlein, Hermann: Das Selbstverständnis der Jugend heute. Hannover 1960
Blumenberg, Hans: Realität und Realismus. Hg. von Nicola Zambon. Berlin 2020
Braungart, Wolfgang: Literatur und Religion in der Moderne. Studien. Paderborn 2016
Braungart, Wolfgang: Ritual und Literatur. Tübingen 1996
Burke, Kenneth: Dichtung als symbolische Handlung. Eine Theorie der Literatur. Aus dem Amerikanischen übersetzt von Günther Rebing. Frankfurt am Main 1966
Cassirer, Ernst: Versuch über den Menschen. Einführung in die Philosophie der Kultur. Aus dem Englischen übersetzt von Reinhard Kaiser. Hamburg 2007
Crow, Thomas: Die Kunst der sechziger Jahre. Von der Pop-art zu Yves Klein und Joseph Beuys. Übersetzung aus dem Englischen von Claudia Spinner. Köln 1997

Eliade, Mircea: Das Heilige und das Profane. Vom Wesen des Religiösen. Hamburg 1957

Eliade, Mircea: Mythen, Träume und Mysterien. Übertragen ins Deutsche von Michael Benedikt. Salzburg 1961

Farin, Klaus: Jugendkulturen in Deutschland. Überarbeitete Neuauflage. Bonn 2011

Fauser, Markus: Rolf Dieter Brinkmanns Fifties. Unterwegs in der literarischen Provinz. Bielefeld 2018

Fauser, Markus/Dirk Niefanger/Sibylle Schönborn (Hg.): Brinkmann-Handbuch. Leben – Werk – Wirkung. Berlin 2020

Fechtner, Kristian/Gotthard Fermor (Hg.): Handbuch Religion und Populäre Kultur. Stuttgart 2005

Fermor, Gotthard: Ekstasis. Das religiöse Erbe in der Popmusik als Herausforderung an die Kirche. Stuttgart 1999

Flender, Reinhard/Hermann Rauhe: Popmusik. Aspekte ihrer Geschichte, Funktionen, Wirkung und Ästhetik. Darmstadt 1989

Friedrich, Hugo: Die Struktur der modernen Lyrik. Von der Mitte des neunzehnten bis zur Mitte des zwanzigsten Jahrhunderts. Erweiterte Neuausgabe. Hamburg 1966

Geduldig, Gunter/Marco Sagurna (Hg.): too much. Das lange Leben des Rolf Dieter Brinkmann. Vechta 1994

Greeley, Andrew: Religion in der Popkultur. Musik, Film und Roman. Mit Kurzbiographien von Bruce Springsteen, Madonna, Woody Allen. Graz 1993 (God in popular culture. 1988)

Guardini, Romano: Über das Wesen des Kunstwerks. Tübingen/Stuttgart 1948

Gutschmidt, Rico/Thomas Rentsch (Hg.): Gott ohne Theismus? Neue Positionen zu einer zeitlosen Frage. Münster 2016

Hanisch, Wilhelm/Franz Hellbernd/Joachim Kuropka (Hg.): Beiträge zur Geschichte der Stadt Vechta. 4 Bde. Vechta 1975–1992

Hartung, Harald: Deutsche Lyrik seit 1965. Tendenzen – Beispiele – Porträts. München 1985

Heise, Hans-Jürgen: Vermessungsstäbe bilden den Gottesbegriff. Über Gottfried Benn, Günter Eich, Ernst Meister und Paul Celan. Scheer 1985

Hoffmann, Holger: Gott im Underground. Die religiöse Dimension der Pop-Kultur. Hamburg 1972

Hollstein, Walter: Der Untergrund. Zur Soziologie jugendlicher Protestbewegungen. Neuwied 1969

Hügel, Hans-Otto (Hg.): Handbuch Populäre Kultur. Begriffe, Theorien und Diskussionen. Stuttgart 2003

James, William: Die Vielfalt religiöser Erfahrung. Eine Studie über die menschliche Natur. Übersetzt von Eilert Herms und Christian Stahlhut. Frankfurt am Main/Leipzig 1997
Kiefer, Reinhard: Text ohne Wörter. Die negative Theologie im lyrischen Werk Ernst Meisters. Aachen 1992
Krech, Volkhard/Lucian Hölscher (Hg.): 20. Jahrhundert – Epochen und Themen. Paderborn 2015 (Handbuch der Religionsgeschichte im deutschsprachigen Raum Band 6)
Langenhorst, Georg: Theologie und Literatur. Ein Handbuch. Darmstadt 2005
Lardas, John: The bop apocalypse. The religious visions of Kerouac, Ginsberg and Burroughs. Urbana 2001
Lipton, Lawrence: Die heiligen Barbaren. Ins Deutsche übertragen von Helmut Degner. Düsseldorf 1960
Luckmann, Thomas: Die unsichtbare Religion. Mit einem Vorwort von Hubert Knoblauch. Frankfurt am Main 1991
Lübbe, Hermann: Religion nach der Aufklärung. Graz/Wien/Köln 1986
Mehnert, Klaus: Jugend im Zeitbruch. Woher – wohin? Stuttgart 1976
Nowak, Kurt: Geschichte des Christentums in Deutschland. Religion, Politik und Gesellschaft vom Ende der Aufklärung bis zur Mitte des 20. Jahrhunderts. München 1995
Otto, Rudolf: Das Heilige. Über das Irrationale in der Idee des Göttlichen und sein Verhältnis zum Rationalen. Erweiterte Neuausgabe München 2014
Pfeiffer, Ulrike: Rolf Dieter Brinkmann Engelbertstraße 65, vierter Stock Köln 1969. München 2020
Pornschlegel, Clemens: Hyperchristen. Brecht, Malraux, Mallarmé, Brinkmann, Deleuze. Studien zur Präsenz religiöser Motive in der literarischen Moderne. Wien/Berlin 2011
Rentsch, Thomas: Gott. Berlin/New York 2005
Rentsch, Thomas: Transzendenz und Negativität. Religionsphilosophische und ästhetische Studien. Berlin/New York 2011
Ricœur, Paul: Poetische Fiktion und religiöse Rede. In: Literarische und religiöse Sprache. Hg. von Max Seckler/Jakob J. Petuchowski/Paul Ricœur/Richard Brinkmann. Freiburg im Breisgau/Basel/Wien 1981, S. 96–105 (= Christlicher Glaube in moderner Gesellschaft Teilband 2)
Riesebrodt, Martin: Cultus und Heilsversprechen. Eine Theorie der Religionen. München 2007

Röhnert, Jan/Gunter Geduldig (Hg.): Rolf Dieter Brinkmann. Seine Gedichte in Einzelinterpretationen. 2 Bde. Berlin 2012
Schäfer, Hans Dieter: Rolf Dieter Brinkmann. In: Die deutsche Lyrik 1945–1975. Hg. von Klaus Weissenberger. Düsseldorf 1981, S. 391–403
Schäfer, Rolf/Joachim Kuropka/Reinhard Rittner/Heinrich Schmidt (Hg.): Oldenburgische Kirchengeschichte. 2., durchgesehene und erweiterte Aufl., Oldenburg 2005
Schlaffer, Heinz: Geistersprache. Zweck und Mittel der Lyrik. München 2012
Schwarze, Bernd: Die Religion der Rock- und Popmusik. Analysen und Interpretationen. Stuttgart 1997
Seel, Martin: Ästhetik des Erscheinens. München/Wien 2000
Seel, Martin: Transzendenzen der Kunst. In: Der religiöse Charme der Kunst. Hg. von Thomas Erne und Peter Schütz. Paderborn 2012, S. 37–51
Steiner, George: Von realer Gegenwart. Hat unser Sprechen Inhalt? Mit einem Nachwort von Botho Strauß. Aus dem Englischen von Jörg Trobitius. München/Wien 1990
Taylor, Charles: Die Formen des Religiösen in der Gegenwart. Aus dem Englischen von Karin Wördemann. Frankfurt am Main 2002
Treml, Hubert: Spiritualität und Rockmusik. Spurensuche nach einer Spiritualität der Subjekte. Ostfildern 1997
Tück, Jan-Heiner/Tobias Mayer (Hg.): Die Kunst umspielt das Geheimnis. Literarische Annäherungen. Freiburg im Breisgau 2019
Ullrich, Wolfgang: An die Kunst glauben. Berlin 2011
Weidner, Daniel (Hg.): Handbuch Literatur und Religion. Stuttgart 2016
Wellershoff, Dieter: Der Gleichgültige. Versuche über Hemingway, Camus, Benn und Beckett. Köln/Berlin 1963
Wellershoff, Dieter: Destruktion als Befreiungsversuch. Über Rolf Dieter Brinkmann. In: Akzente 23/1976, S. 277–288
Werntgen, Cai (Hg.): Szenen des Heiligen. Vortragsreihe in der Hamburger Kunsthalle. Berlin 2011
Westerkamp, Dirk: Via negativa. Sprache und Methode der negativen Theologie. München 2006
Wuketits, Franz M.: Was Atheisten glauben. Gütersloh 2014

Dank für die finanzielle Förderung an

Alte Oldenburger Vechta

Bürgerstiftung Vechta

LzO Stiftung Kunst und Kultur

Stadt Vechta

Bibliografische Information der Deutschen Nationalbibliothek
Die Deutsche Nationalbibliothek verzeichnet diese Publikation in der Deutschen Nationalbibliografie; detaillierte bibliografische Daten sind im Internet über http://dnb.d-nb.de abrufbar.

www.wallstein-verlag.de

Umschlaggestaltung: Wallstein Verlag
unter Verwendung von: Günther Knipp *Tür*, 1972
Vom Verlag gesetzt aus der Stempel Garamond
Druck und Verarbeitung: Hubert & Co, Göttingen

978-3-8353-5182-0